NAISSANCE DE L'OBSERVATOIRE DE LA RÉCIDIVE ET DE LA DÉSISTANCE

Un long processus inachevé

5-7, rue de l'École polytechnique, 75005 Paris

http://www.harmattan.fr
diffusion.harmattan@wanadoo.fr
harmattan1@wanadoo.fr

ISBN : 978-2-343-05118-5
EAN : 9782343051185

Pierre V. TOURNIER

NAISSANCE DE L'OBSERVATOIRE DE LA RÉCIDIVE ET DE LA DÉSISTANCE

Un long processus inachevé

L'Harmattan

Collection Criminologie
dirigée par Robert Cario

La criminologie apparaît comme un champ pluri et transdisciplinaire de connaissances, d'investigations, d'expertises et de traitement qui peine à être reconnu en France. Principalement mise en œuvre dans le domaine de la prévention, elle occupe également, au cas d'échec, une place prépondérante dans le procès pénal. Plus largement encore, la criminologie contribue à la restauration psychologique et sociale des protagonistes, dans l'endroit comme dans l'envers du crime.

Dans de nombreux pays, la discipline fait l'objet d'enseignements, de recherches et d'applications à la mesure de la complexité du phénomène criminel qui la nourrit. Dans d'autres encore, la profession de criminologue s'inscrit en totale harmonie avec les métiers de la justice, de la médecine, de la psychologie et du social.

La présente collection ambitionne de rassembler des ouvrages scientifiques et des travaux de terrain, appuyés tant sur les théories dominantes que sur les bonnes pratiques en agressologie ou victimologie, à l'intention de publics variés : étudiants, enseignants, chercheurs, magistrats, praticiens de toutes disciplines confrontés aux problématiques délinquantes, citoyens épris de justice.

Ouvrages parus :

C. Rossi, *Homicide : les proches des victimes*

M. Herzog-Evans, *Le JAP : monsieur Jourdain de la désistance*

H. Hedhili, *Sciences et pratiques pénitentiaires en France. XIX-XXè siècles*

P.V. Tournier, *La question pénale au fil de l'actualité. Chroniques d'outre-nombre.*

Chr. Chevandier, J-M. Larralde et P.V. Tournier (Dir.), *Enfermements, Justice et Libertés. Aujourd'hui et hier, ici et ailleurs, deuxième colloque jeunes chercheurs sur la privation de liberté*

Jean Motte dit Falisse, *De la faute au crime. Natures et cultures*

Série Champ pénitentiaire
dirigée par Paul Mbanzoulou

La série Champ pénitentiaire contribue à la diffusion des connaissances élaborées à partir de l'analyse du champ pénitentiaire dans sa diversité et sa complexité. Les ouvrages individuels ou collectifs proposés par des chercheurs ou des praticiens ont en commun d'affiner la compréhension des dynamiques institutionnelles, des processus de construction des pratiques professionnelles, des politiques de prise en charge des personnes placées sous main de justice et des mécanismes de la privation ou de restriction de liberté.

Ouvrages parus :

G. de Coninck, G. Lemire, *Etre directeur de prison*

P. Mbanzoulou, M. Herzog-Evans, S. Courtine (Dir.), *Insertion et désistance des personnes placées sous main de justice. Etat des savoirs et des pratiques*

P. Mbanzoulou, F. Dieu (Dir.), *Administration pénitentiaire et justice*

P. Mbanzoulou, F. Dieu (Dir.), *Santé et Justice*

Du même auteur

Étrangers et Délinquances, les chiffres du débat, L'Harmattan, Coll. « Logiques sociales », 1991, 263 p. (avec Robert Ph.).

Les comptes du crime, les délinquances et leurs mesures, L'Harmattan, Coll. « Logiques sociales », 1994, 329 p. (avec Robert Ph. et all.).

La prison à la lumière du nombre : démographie carcérale en trois dimensions, Université Paris 1 Panthéon Sorbonne, mémoire d'habilitation à diriger des recherches, publié par le CESDIP, 1996, 200 p.

Chiffres en folie, petit abécédaire de l'usage des nombres dans le débat public et les médias, La Découverte - Syros, Coll. « Cahiers libres », ouvrage de l'Association Pénombre (avec Aubusson de Cavarlay B., Gignoux S., Jean J-P., Padieu R.), 1999, 226 p.

Comment sanctionner le crime ?, Toulouse, Erès, Coll. « Trajets », 2002, ouvrage du Collectif « Octobre 2001 », 150 p. (co-dir. avec Feltesse S.).

Les soins obligés ou l'utopie de la triple entente, Actes du XXXIIIe congrès français de criminologie, Lille, mai 2001, Association française de criminologie (AFC), Société belge de criminologie, Université Lille 2, Dalloz, Coll. « Thèmes et commentaires », 2002, 260 p. (dir.).

Loi pénitentiaire. Contexte et enjeux, Editions L'Harmattan, Coll. « Sciences criminelles – Controverses », 2007, 114 p.

La Babel criminologique. Formation et recherche sur le phénomène criminel : sortir de l'exception française ? Colloque du 3 février 2009, au siège du CNRS, Editions L'Harmattan, Coll. « Criminologie », 2009, 296 p. (dir.).

Dictionnaire de démographie pénale. Des outils pour arpenter le champ pénal, L'Harmattan, Coll. « Criminologie », 2010, 211 p.

Dialectique carcérale. Quand la prison s'ouvre et résiste au changement, L'Harmattan, Coll. « Criminologie », 2012, 319 p. (dir.).

Enfermements. Populations, Espaces, Temps, Processus, Politique. 1er colloque jeunes chercheurs sur la privation de liberté, L'Harmattan, Coll. « Criminologie », 2012, 393 p. (dir.).

La Prison. Une nécessité pour la République, Préface d'Elisabeth Guigou, Les Editions Buchet-Chastel, coll. « Essais & Documents», 2013, 261 p.

Une certaine idée de la criminologie. Approche indisciplinaire du processus pénal, L'Harmattan, Coll. « Criminologie », 2013, 303 p. (dir.)

La question pénale au fil de l'actualité. Chroniques d'outre-nombre, Coll. « Criminologie », 2014, 310 p.

Enfermements, justice et libertés. Aujourd'hui et hier, ici et ailleurs. 2ème colloque jeunes chercheurs sur la privation de liberté, L'Harmattan, Coll. « Criminologie », 2014, 309 p. (co-dir. avec Chevandier Chr., Larralde J-M.).

Sine ira et studio ? [1]

1. Sans ressentiment et sans parti pris ?

Principales abréviations

AAI............. Autorité administrative indépendante
ACAT.......... Action des chrétiens contre la torture
ACP............ Arpenter le Champ pénal
AERS.......... Agence d'évaluation de la recherche et de l'enseignement supérieur
AFMJF......... Association française des magistrats de la jeunesse et de la famille
AFP............. Agence France Presse
ANJAP........ Association nationale des juges de l'application des peines
AP.............. Administration pénitentiaire
AP.............. *Associated Press*
ARAF.......... Autorité de régulation des transports ferroviaires
ARAPEJ...... Association réflexion action prison et justice
ARJEL......... Autorité de régulation des jeux en ligne
ATER.......... Attaché temporaire d'enseignement et de recherche
CELSA......... Centre d'études littéraires et scientifiques appliquées
CESDIP........ Centre de recherches sociologiques sur le droit et les institutions pénales
CHEAr......... Centre des hautes études en armement
CHS............. Centre d'histoire sociale
CHU............ Centre hospitalier universitaire
CLCJ........... Comité de liaison des associations de contrôle judiciaire
CMP........... Commission mixte paritaire
CNAM.......... Conservatoire national des arts et métiers
CNCDH....... Commission nationale consultative des droits de l'homme
CNERP........ Centre national d'études et de recherches pénitentiaires
CNFE.......... Centre national de formation et d'étude (Protection judiciaire de la jeunesse)

CNIS............	Conseil national de l'information statistique
CNRS............	Centre national de la recherche scientifique
COR............	Conseil d'orientation de l'OND ou de l'ONDRP
COR............	Comité d'orientation restreint (de préparation de la loi pénitentiaire)
CP................	Code pénal
CP................	Contrainte pénale
CPC............	Contrainte pénale communautaire
CPIP............	Conseiller pénitentiaire d'insertion et de probation
CRPC..........	Comparution sur reconnaissance préalable de culpabilité
CSFRS.........	Conseil supérieur de la formation et de la recherche stratégiques
DACG..........	Direction des affaires criminelles et des grâces
DAGE..........	Direction de l'administration générale et de l'équipement
DAP............	Direction de l'administration pénitentiaire
DIV.............	Délégation interministérielle à la ville
DPJJ............	Direction de la protection judiciaire de la jeunesse
DPM...........	Direction de la population et des migrations
DSPIP..........	Directeur de service pénitentiaire d'insertion et de probation
EHESS.........	Ecole des hautes études en sciences sociales
ENAP...........	Ecole nationale d'administration pénitentiaire
ENM............	Ecole nationale de la magistrature
ENSAE.........	Ecole nationale de la statistique et de l'administration économique
FARAPEJ.....	Fédération des associations réflexion action prison et justice
FNARS..........	Fédération nationale des associations de réinsertion sociale
FND............	Fichier national des détenus
GDS............	Garde des Sceaux
GDS............	Groupe de diagnostic
GENEPI.........	Groupement étudiant national d'enseignement aux personnes incarcérées
GPS..............	*Global Positioning System*
HALDE........	Haute autorité de lutte contre les discriminations et pour l'égalité
HCFDC........	Haut comité français de la défense civile
HADOPI......	Haute autorité pour la diffusion des œuvres et la protection des droits sur Internet
IDUP...........	Institut de démographie de l'Université de Paris 1 Panthéon Sorbonne
IEP.............	Institut d'études politiques

IERSE..........	Institut d'études et de recherches pour la sécurité des entreprises
IFOP...........	Institut français d'opinion publique
IHEDN.........	Institut des hautes études de la défense nationale
IHEJ............	Institut des hautes études de la justice
INED...........	Institut national d'études démographiques
INHES.........	Institut national des hautes études de la sécurité
INHESJ........	Institut national des hautes études de la sécurité et de la justice
INSEE.........	Institut national de la statistique et des études économiques
IPJ..............	Institut pour la Justice
JAP............	Juge de l'application des peines
LAPAC........	La parole est à l'accusé
LC..............	Libération conditionnelle
LDH............	Ligue des droits de l'homme
LOLF...........	Loi organique relative aux lois de finances du 1er août 2001
MSP............	Mesures et sanctions pénales
OIP.............	Observatoire international des prisons
OND...........	Observatoire national de la délinquance
ONDRP........	Observatoire national de la délinquance et des réponses pénales
ONMSP.......	Observatoire national des mesures et sanctions pénales
OPALE.........	Observatoire de la privation de liberté et des sanctions et mesures appliquées dans la communauté
PCV............	Enquête permanente sur les conditions de vie (INSEE)
PJJ..............	Protection judiciaire de la jeunesse
PMJ.............	Placement sous main de justice
PP...............	Peine principale
PPMJ...........	Personne placée sous main de justice
PS...............	Parti socialiste
PSMJ...........	Placement sous main de Justice
RCP.............	Réclusion criminelle à perpétuité
RGPP...........	Révision générale des politiques publiques
RPE.............	Règles pénitentiaires européennes
SAEI............	Service des affaires européennes et internationales
SAF.............	Syndicat des avocats de France
SEPC...........	Service d'études pénales et criminologiques
SGDSN........	Secrétariat général pour la défense et la sécurité nationale
SMC............	Sanctions et mesures appliquées dans la communauté
SME............	Sursis avec mise à l'épreuve
SMPR...........	Service médico-psychologique régional

SNEPAP........ Syndicat national de l'ensemble des personnels de l'administration pénitentiaire
SPIP.............. Service pénitentiaire d'insertion et de probation
SSM.............. Service statistique ministériel
TGI............. Tribunal de grande instance
TIG............... Travail d'intérêt général
UCSA........... Unité de consultation et de soins ambulatoires
UDF.............. Union pour la démocratie française
UMP............ Union pour un mouvement populaire
ZUS.............. Zone urbaine sensible

INTRODUCTION

Le 25 août 2013, Mme Christiane Taubira, Garde des Sceaux, ministre de la Justice présentait son projet de loi sur la prévention de la récidive et l'individualisation des peines, à l'université d'été du Parti socialiste à La Rochelle. La Ministre confirmait la création d'une « peine de probation, [...] en milieu ouvert, restrictive de liberté, appelée « contrainte pénale » et d'un « dispositif de libération sous contrôle et sous contrainte ». La Garde des Sceaux annonçait aussi qu'elle allait « installer le mois prochain un observatoire de la récidive, afin de disposer des outils fins pour mesurer le phénomène ».

Un an plus tard, étaient publiés le décret n° 2014-883 du 1er août 2014, relatif à « l'observatoire de la récidive et de la *désistance* » (sic) [1], ainsi que la loi 2014-896 du 15 août 2014, sur l'individualisation des peines et renforçant l'efficacité des sanctions pénales [2].

Il se sera donc écoulé 9 ans depuis la lettre que j'avais adressée, le 4 août 2005, au Garde des Sceaux de l'époque, M. Pascal Clément proposant la création d'un « Observatoire de la récidive des infractions pénales ». La lettre étant laissée sans réponse, j'avais insisté – selon mon habitude – publiant une tribune dans *Le Monde* du 10 septembre 2005, puis lançant, le 30 septembre 2005, une pétition signée par 160 personnes morales et personnalités. Le 10 octobre 2005, M. Clément annonçait l'installation d'une modeste « Commission d'analyse et de suivi de la récidive », commission qui ne survivrait pas à l'arrivée de Mme Rachida Dati, nommée Garde des

---

1. En Français « désistement ». On ne comprend pas pourquoi le Gouvernement a retenu un mot anglais. En criminologie, le désistement désigne le processus de renoncement à des activités délinquantes.

2. Voir Tournier P.V., *Sanctionner sans emprisonner : naissance de la contrainte pénale. Archives,* volume 1, Université Paris 1, Centre d'histoire sociale du XXème siècle, août 2014, 162 p.

Tournier P.V., *Sanctionner sans emprisonner : naissance de la contrainte pénale. Archives*, volume 2, Université Paris 1, Centre d'histoire sociale du XXème siècle, septembre 2014, 143 p.

Tournier P.V., *La question pénale au fil de l'actualité. Chroniques d'outre-nombre*, L'Harmattan, coll. « Criminologie», juillet 2014, 310 p.

Sceaux, en mai 2007, après l'élection de Nicolas Sarkozy à la Présidence de la République.

Après la création, à compter du 1er janvier 2010, de l'Observatoire national de la délinquance et des réponses pénales (ONDRP) placé sous la responsabilité du Premier Ministre, il aurait dû devenir évident pour tous que l'observation de la récidive était, désormais, de la compétence de l'ONDRP. Le décret du 28 octobre 2009 - relatif à l'Institut national des hautes études de la sécurité et de la justice (INHESJ) et à l'ONDRP précisait ainsi que l'un des objectifs de l'observatoire était de « Formuler toutes propositions utiles au développement de la connaissance scientifique des phénomènes criminels, de l'activité des services de sécurité ou des réponses pénales, et à l'amélioration des performances des politiques publiques en matière de prévention, de réinsertion et de lutte contre la récidive ».

Les sénateurs Jean-René Lecerf (UMP) et Nicole Borvo Cohen-Seat (communiste) allaient d'ailleurs prendre position en ce sens, le 4 juillet 2012, dans leur rapport d'information sur l'application de la loi pénitentiaire du 24 novembre 2009 [3] : « La faiblesse des données statistiques concernant le devenir des personnes sous main de justice interdit une évaluation fiable et objective du système pénitentiaire français. Aussi, à l'initiative du Sénat, la loi pénitentiaire (art. 7) a prévu de confier à un observatoire indépendant le recueil et l'analyse des données relatives aux infractions, à l'exécution des décisions de justice en matière pénale, à la récidive et à la réitération. Elle lui assigne la responsabilité d'élaborer un rapport annuel « comportant les taux de récidive et de réitération par établissement pour peines. Ce rapport annuel doit aussi présenter le taux de suicide par établissement. Dans l'esprit du Parlement, il ne s'agissait pas de créer une nouvelle structure mais de rattacher ces missions à l'Observatoire national de la délinquance et des réponses pénales (ONDRP) institué par le décret en Conseil d'Etat n°2009-1321 du 28 octobre 2009. [...]. Vos co-rapporteurs ne peuvent que regretter que les services n'aient pas été en mesure de mettre en œuvre le travail interministériel nécessaire pour appliquer un des volets importants de la loi du 24 novembre 2009 (recommandation n°1) ».

Malgré cette volonté explicite exprimée au nom de la Commission des Lois et de la Commission pour le contrôle de l'application des lois du Sénat – excusez du peu – le gouvernement de Manuel Valls a préféré créer un nouvel observatoire, dont les moyens de fonctionnement et de production dépendront étroitement de la Chancellerie. Choix scientifiquement difficile à argumenter, choix politiquement timoré, s'il en est.

---

3. Borvo Cohen-Seat N., Lecerf J.-R., *Rapport d'évaluation de la loi pénitentiaire du 24 novembre 2009, fait au nom de la commission des lois et de la commission pour le contrôle de l'application des lois du Sénat*, n°629, 4 juillet 2012, 93 p.

Soyons, un instant, optimiste : ne faut-il pas espérer que cet observatoire *ad'hoc* ne représente qu'une étape comme l'OND dépendant du Ministère de l'Intérieur ne fut qu'une étape avant la mise en place, en janvier 2010, de l'ONDRP rattaché au Premier Ministre ?

Pour mémoire

Transportons-nous au 2 juin 2005. Alors qu'elle fait son jogging, Nelly Cremel est assassinée à Reuil-en-Brie. Jugés en juin 2008, Serge Mathey et Patrick Gâteau seront condamnés pour ce crime, respectivement à 30 ans de réclusion criminelle assortie d'une période de sûreté de 16 ans et à la réclusion criminelle à perpétuité assortie d'une période de sûreté de 22 ans. Gâteau avait déjà été condamné à la réclusion criminelle à perpétuité pour un assassinat commis en 1984 et purgeait sa peine en libération conditionnelle. Ce drame relance le débat sur les libérations anticipées et la récidive. Le Ministre de l'Intérieur, Nicolas Sarkozy, exprime, dans ce contexte, sa volonté de faire adopter une nouvelle loi pour lutter contre la récidive.

Aussitôt dit, aussitôt fait, sans plus de réflexion, la loi du 12 décembre 2005 relative au traitement de la récidive des infractions pénales créera le placement sous surveillance électronique mobile pour les délinquants sexuels et violents (suivi par GPS). Elle portera le temps d'épreuve applicable aux condamnés à la réclusion criminelle à perpétuité (RCP) de quinze ans à dix-huit ans dès lors qu'ils nc sont pas récidivistes, le temps d'épreuve étant porté de 18 à 22 ans pour les récidivistes.

Sans mémoire, pas d'avenir, et l'on sait à quel point les pouvoirs publics manquent de mémoire. C'est ce qui justifie l'élaboration de cet ouvrage.

M'appuyant sur une chronologie très précise du processus que je prétends décrire, je présente ici un certain nombre de documents : lettres que j'ai adressées aux gardes des Sceaux successifs, tribunes publiées dans les médias, pétitions, communiqués de presse, contributions à tel ou tel rapport officiel, articles de revue scientifique, chapitres d'ouvrages, communications présentées lors de réunions publiques organisées par mes soins, décrets. Par souci de vérité(s), j'ai fait le choix de reproduire ces documents *in extenso*. Cela entraîne, nécessairement, des répétitions, traces de mon obstination à défendre, au long cours, quelques idées que je crois justes, tout en les adaptant aux changements de contexte administratifs ou politiques.

Paris le 1er novembre 2014

Pierre V. Tournier

I
UN DÉBAT RELANCÉ PAR L'AFFAIRE « CREMEL »

2005 - 2007

Chronologie

2001

23 juillet 2001 – le Premier Ministre, Lionel Jospin, confie aux députés Christophe Caresche (PS) et Robert Pandraud (RPR) la conduite d'une mission parlementaire portant sur l'étude des statistiques de la délinquance et la création d'un Observatoire national de la délinquance. Leur rapport sera remis en janvier 2002 [1].

2003

15 décembre 2003 – Nicolas Sarkozy, ministre de l'Intérieur, installe le Conseil d'orientation (COR) de l'Observatoire national de la délinquance (OND) et en confie la présidence à Alain Bauer.

2004

14 mars 2004 – Pierre Bodein bénéficie d'une libération conditionnelle peu de temps avant la fin de sa peine. Quelques mois plus tard, il est accusé d'enlèvements, viols et meurtres sur Jeanne-Marie Kegelin, 10 ans, Julie Scharsch, 14 ans, et Hedwige Vallée, 38 ans. Il sera condamné en appel, en octobre 2008, à la perpétuité « réelle » (période de sûreté de 30 ans).

2005

2 juin 2005 – Alors qu'elle fait son jogging, Nelly Cremel est assassinée à Reuil-en-Brie. Jugés en juin 2008, Serge Mathey et Patrick Gâteau seront condamnés pour ce crime, respectivement à 30 ans de réclusion criminelle

---

1. Caresche Ch., Pandraud R., *Sur la création d'un observatoire de la délinquance*, La Documentation française, 2003, 106 p.

assortie d'une période de sûreté de 16 ans et à la réclusion criminelle à perpétuité assortie d'une période de sûreté de 22 ans. Gâteau avait déjà été condamné à la réclusion criminelle à perpétuité pour un assassinat commis en 1984 et purgeait sa peine en libération conditionnelle. Ce drame relance le débat sur les libérations anticipées et la récidive. Nicolas Sarkozy exprime, dans ce contexte, sa volonté de faire adopter une nouvelle loi pour lutter contre la récidive.

28 juin 2005 – Conférence de presse de Pierre V. Tournier sur la question de la récidive. Articles dans *Le Monde, Libération, La Croix, L'Humanité, Le Parisien, Métro*. Dans la perspective de la discussion au Parlement du projet de loi sur la récidive, il propose la création, au sein du Ministère de la Justice, d'un Observatoire de la récidive des infractions pénales, sur le modèle de la Commission de suivi de la détention provisoire (loi n°2000-516 du 15 juin 2000).

4 août 2005 – Lettre de Pierre V. Tournier adressée au garde des Sceaux, M. Pascal Clément, proposant la création d'un « Observatoire de la récidive des infractions pénales ». Lettre laissée sans réponse.

10 septembre 2005 – Point de vue publié en première page du quotidien *Le Monde* : « Il faut créer un observatoire de la récidive », signé par Alain Blanc, président de Cour d'assises à Paris, Philippe Pottier, fonctionnaire pénitentiaire, président de l'Association française de criminologie (AFC), Jean-Louis Senon, professeur de psychiatrie légale, Université de Poitiers, Maître Daniel Soulez Larivière et Pierre V. Tournier.

30 septembre 2005 – Lettre ouverte à M. Pascal Clément, Garde des Sceaux, de soutien à la proposition de créer un Observatoire de la récidive des infractions pénales, signée par 160 personnes morales et personnalités.

10 octobre 2005 – Deux jours avant le débat à l'Assemblée nationale sur le projet de loi sur la récidive, le Garde des Sceaux annonce la création d'une Commission d'analyse et de suivi de la récidive.

11 octobre 2005 – Dans un communiqué de presse, Pierre V. Tournier dénonce cette manœuvre. La création d'un Observatoire de la récidive, dans le cadre de la loi, devait faire l'objet de trois amendements voisins déposés par André Vallini et Christophe Caresche (socialistes), Hervé Morin (UDF) et Christine Boutin (UMP), présidente du groupe d'études sur les prisons. En l'absence de Mme Boutin, en voyage en Chine, le représentant de l'UMP, Georges Fenech retirera son amendement. Ceux des socialistes et de l'UDF seront repoussés par la droite. Dans le même communiqué, Pierre V. Tournier met en cause, les manipulations statistiques du Garde des Sceaux concernant les risques de récidive en matière de crimes sexuels (chiffres multipliés par 20 !). La démonstration sera reprise dans *Le Monde* par Nathalie Guibert sous le titre « le Garde des Sceaux fâché avec les chiffres ».

12 décembre 2005 – La loi relative au traitement de la récidive des infractions pénales crée le placement sous surveillance électronique mobile pour les délinquants sexuels et violents (suivi par GPS). Elle porte le temps d'épreuve applicable aux condamnés à la réclusion criminelle à perpétuité (RCP) de quinze ans à dix-huit ans dès lors qu'ils ne sont pas récidivistes. Le temps d'épreuve est porté de 18 à 22 ans pour les récidivistes.

2006

25 février 2006 – Appel des 115 « Criminalité, délinquance, justice : connaître pour agir ». Elaboré par 115 personnes, à l'initiative de Pierre V. Tournier, ce texte sera soutenu par plus de 700 signataires dont 50 personnes morales (partis politiques de gauche, syndicats, associations), 34 parlementaires (socialistes, verts, communistes et un UDF) et une centaine d'universitaires et/ou chercheurs : « Nous, chercheurs, enseignants-chercheurs et jeunes chercheurs en formation, de disciplines très diverses, acteurs de la Justice pénale de toutes professions, personnels soignants, militants associatifs dans le champ pénal, demandons aux pouvoirs publics de créer une structure multidisciplinaire d'études et de recherches sur les infractions pénales, leur prévention, leur sanction et leur réparation ».

7 octobre 2006 – « Réformes pénales à l'aune des recommandations du Conseil de l'Europe », tel est le thème du débat public organisé à Paris, par DES Maintenant en Europe, sous la présidence de Catherine Lalumière, présidente de la Maison de l'Europe, ancienne secrétaire générale du Conseil de l'Europe à l'occasion du XXVe anniversaire de l'abolition de la peine de mort en France (loi du 9 oct. 1981). L'une des quatre questions traitées est la suivante : « Comme dans la plupart des pays européens, la prison est au centre du système de sanction des délits et des crimes. Comment modifier le code pénal pour marginaliser l'usage de la privation de liberté ? ». Dans un rapport introductif diffusé le 1er juillet 2006 [2], Pierre V. Tournier propose la création d'une nouvelle peine de probation qui « se définirait sans référence à un quantum d'emprisonnement ferme, « épée de Damoclès », mais par un temps de probation vécu dans la communauté. Ce rapport est mis en ligne sur le site de la commission « Justice » des Verts.

2. Tournier P.V., « Une nouvelle échelle des peines pour la France, pour l'Europe ? », *in Réformes pénales, deux ou trois choses que j'attends d'elles*, Publication de DES Maintenant en Europe, 1er juillet 2006, 4-5.

2007

10 août 2007 – La loi renforçant la lutte contre la récidive des majeurs et des mineurs crée les peines « plancher ».

15 août 2007 – A Roubaix, Francis Evrard enlève le petit Enis, 5 ans, et lui fait subir des violences sexuelles dans un garage. Pédophile multi-récidiviste, il venait de sortir du centre de détention de Caen. Il sera condamné, en octobre 2009, à 30 ans de réclusion criminelle avec une période de sûreté de 20 ans.

14 octobre 2007 – « Vers un observatoire national des mesures et sanctions pénales ? » Note de Pierre V. Tournier à l'attention de la « *mission d'information sur l'exécution des décisions de justice pénale* » de l'Assemblée nationale présidée par M. Jean-Luc Warsmann. Cette note sera publiée dans la revue *Champ pénal / Penal Field, Nouvelle revue française de criminologie, New French Journal of Criminologie,* rubrique « vie de la recherche ».

25 novembre 2007 – Dans le RER D entre Louvres et Creil (Val d'Oise), un meurtre précédé d'une tentative de viol est commis sur la personne d'Anne Lorraine Schmitt, 23 ans, étudiante en journalisme au CELSA. Le suspect, Thierry Dève Oglou, avait déjà été condamné pour infraction sexuelle. Il sera condamné à perpétuité avec une période de sûreté de 22 ans en décembre 2010. Ce crime sera exploité par l'association dite « Institut pour la Justice » (IPJ), créée au printemps 2007, qui se situe, idéologiquement, entre la droite populaire et le Front national. L'IPJ réussira à entrainer, un temps, le général Philippe Schmitt, père d'Anne Lorraine (qui sera président du comité de parrainage) avant qu'il ne prenne ses distances.

1

Projet d'Observatoire de la récidive des infractions pénales

Les douze objectifs

4 août 2005 [1]

Monsieur Pascal Clément
Garde des Sceaux, ministre de la Justice
13, place Vendôme 75001 PARIS

Monsieur le Garde des Sceaux,

Dans la perspective de la discussion de la proposition de loi sur la récidive des infractions pénales [2], qui se déroulera à l'Assemblée nationale cet automne, et dans le suite de ce que j'ai pu proposer dans les médias en juin / juillet [3], j'ai l'honneur de vous adresser, sous ce pli, un projet de création d'un « Observatoire de la récidive des infractions pénales » dont j'essaie de décrire, brièvement, les douze objectifs qui pourraient lui être assignés.

Après les discussions très positives que j'ai eues récemment, sur ces questions, avec M. Laurent Ridel [4] d'une part et M. Patrice Molle [5] d'autre

---

1. Référence : Lettre de Pierre V. Tournier, adressée à M. Pascal Clément, garde des Sceaux, proposant la création d'un Observatoire de la récidive des infractions pénales, le 4 août 2005.

2. Qui deviendra la loi du 12 décembre 2005.

3. *Le Monde* du 28/6/05, *Libération* du 29/6/05, *La Croix* du 29/6/05, *L'Humanité* du 29/6/05, *Le Parisien-Aujourd'hui en France* du 6/7/05, *L'Humanité* du 7/7/05, *Métro* du 12/7/05, *AFP* du 14/7/05, *Libération* du 18/7/05.

4. Alors conseiller technique pénitentiaire du Garde des Sceaux.

part, je souhaiterais pouvoir vous rencontrer afin d'avoir un échange sur la mise en place d'une telle structure – peu coûteuse et rapidement opérationnelle –, que j'ai imaginée sur le modèle de la « Commission de suivi de la détention provisoire » (loi n°2000-516 du 15 juin 2000).

Restant à votre disposition, je vous prie de croire, Monsieur le Garde des Sceaux, à l'expression de ma haute considération.

Pierre V. Tournier
Directeur de recherches au CNRS, Université Paris 1
Membre du bureau de la European Society of Criminology

5. Alors directeur de l'administration pénitentiaire.

Les douze objectifs

Dans la perspective de la discussion de la proposition de loi sur la récidive des infractions pénales, qui se déroulera à l'Assemblée nationale cet automne, nous préconisons la création d'une structure légère, peu coûteuse, placée auprès du ministre de la Justice, sur le modèle de la *Commission de suivi de la détention provisoire* créée dans le cadre de la loi n°2000-516 du 15 juin 2000 renforçant la protection de la présomption d'innocence et des droits des victimes (Art. 72).

Rappelons que cette commission est constituée de deux représentants du Parlement, d'un magistrat de la Cour de cassation, d'un membre du Conseil d'Etat, d'un professeur de droit, d'un avocat et d'un représentant de la communauté scientifique.

Aidé d'un secrétariat scientifique permanent, disposant d'un minimum de moyens administratifs, l'*observatoire de la récidive* pourrait mobiliser, pour remplir sa tâche, les compétences des directions du Ministère de la Justice les plus directement concernées : Direction des affaires criminelles et des grâces (DACG), Direction de la protection judiciaire de la jeunesse (DPJJ), Direction de l'Administration pénitentiaire (DAP) et Direction de l'administration générale et de l'équipement (DAGE), sans oublier le Service des affaires européennes et internationales (SAEI). L'observatoire devrait aussi avoir les moyens de procéder à des visites et ou à des auditions afin de mobiliser toutes les compétences acquises par les acteurs de terrain ou par les chercheurs, en France ou chez nos partenaires européens.

1 – Centraliser les données existantes sur le sujet : données juridiques, données statistiques et analyses du phénomène dans le cadre des différentes disciplines concernées : sciences du droit, sciences sociales, sciences du psychisme (travaux menés en France, dans les autres pays du Conseil de l'Europe, dans les pays d'autres continents).

Le corpus ne devrait pas se limiter à la définition, à la mesure de la récidive et l'étude des conditions du nouveau passage à l'acte, mais devrait naturellement inclure, en amont, la question du prononcé des mesures et sanctions pénales (MSP), les conditions juridiques et sociologiques de leur application (aménagement) en milieu fermé comme en milieu ouvert, les conditions juridiques et sociologiques de fin de placement sous main de Justice.

2 – Accorder une attention toute particulière aux productions du Conseil de l'Europe en la matière et en particulier du Conseil de coopération pénologique (recommandations et autres travaux) et des autres instances internationales.

3 – Mettre cette information à disposition (site internet).

4 – Actualiser en permanence cette base documentaire.

5 – Développer des outils pédagogiques permettant de synthétiser les informations les plus importantes issues de cette base documentaire pour les rendre lisibles par le plus grand nombre (services de la Chancellerie et autres départements ministériels, Parlement, acteurs de la justice pénale, syndicats, associations, médias) : notes techniques, synthèses, comparaisons entre MSP, entre aménagements, comparaisons internationales, etc. Ce travail exigerait évidemment une grande rigueur scientifique afin que ces outils puissent servir de référence à tous, quelle que soit leur sensibilité idéologique.

6 – Assurer une fonction de veille concernant les cas de récidive, qui justifient, de par leur gravité et leur médiatisation, une information à chaud, rapide mais objective, de nos concitoyens. Approfondir l'étude de ces cas, au-delà de la période d'intérêt politico-médiatique. Examiner *a posteriori* leur traitement médiatique afin d'améliorer les modes de communication des pouvoirs publics et des scientifiques. Un tel travail devrait naturellement associer des professionnels de l'information.

7 – Aider à la construction des programmes – et à leur mise en œuvre - de formation initiale et continue, sur la question, dans les écoles relevant du Ministère de la Justice : Ecole nationale de la magistrature (ENM), Ecole nationale d'administration pénitentiaire (ENAP), Centre de formation de la protection judiciaire de la jeunesse. Il ne pourrait s'agir ici que de propositions et de mises à disposition de ressources dans le respect de la compétence des écoles à déterminer contenus et méthodes d'enseignement.

8 – Participer à l'élaboration de nouveaux instruments statistiques au sein du Ministère de la Justice, assurant une production régulière sur le sujet. Là encore, il ne s'agit pas de se substituer aux services compétents, mais d'être un lieu de réflexion, une force de proposition et de mobilisation de moyens.

9 – Mobiliser la communauté scientifique, dans toute sa diversité, sur ces questions, afin qu'elle apporte sa contribution à l'élaboration de nouveaux programmes de recherches pluridisciplinaires qui devraient être pilotés et financés par la mission de recherche « Droit & Justice ».

10 – Faciliter la coopération avec nos partenaires européens, pour une meilleure connaissance des systèmes juridiques, des pratiques (« bonnes » ou « mauvaises ») et des résultats du traitement de la récidive, coopération qui devrait aussi inclure la réalisation d'enquêtes, en parallèle, reposant sur des méthodologies identiques (du moins compatibles entre elles).

11 – Rédiger un rapport annuel, largement diffusé (conférence de presse et internet) rendant compte des avancées concernant les objectifs définis *supra.*

12 – On pourrait aussi y trouver des recommandations de toutes natures, susceptibles d'améliorer le traitement de la récidive des infractions pénales. L'une des retombées pratiques attendues de la mise en place d'un tel observatoire pourrait être de permettre au Ministère de la Justice d'inclure, parmi les objectifs qu'il devra définir – et quantifier – chaque année par application de la « Loi organique relative aux lois de finances du 1er août 2001 » (LOLF), la prévention de la récidive.

A ce jour, cet objectif fondamental de la Justice pénale n'a été retenu ni parmi les six objectifs de la « Justice judiciaire », ni parmi les sept objectifs de « l'administration pénitentiaire ». Seule la « protection judiciaire de la jeunesse » l'a intégré à ses sept objectifs [6].

Paris, le 4 août 2005

Pierre V. Tournier

6. Point 6. « Prévenir la réitération et la récidive », indicateur : « part des jeunes pris en charge au pénal qui n'ont ni récidivé ni réitéré dans l'année qui suit la clôture de la mesure ». Réf. *Rapport sur l'évolution de l'économie nationale et sur les orientations des finances publiques, tome 2.*, présenté au nom de M. Dominique de Villepin, Premier Ministre, juin 2005, 41-42.

2

Rendre illégitimes les approches démagogiques et stériles en matière d'application des peines et de récidive

Tribune dans le quotidien Le Monde

10 septembre 2005 [1]

Nombre de missions et commissions parlementaires concernant la question pénale ont, dans leurs rapports, souligné l'urgente nécessité de développer, dans notre pays, les outils de connaissance sur l'application des peines et la récidive des infractions pénales. Nous partageons pleinement ce diagnostic, en regrettant, toutefois, que nos parlementaires « oublient » généralement, au cours de leurs travaux d'études, d'auditionner les scientifiques des diverses disciplines exerçant dans ce champ. A l'automne, l'Assemblée nationale va de nouveau débattre de la proposition de loi sur la récidive. Aussi, dans cette perspective, préconisons-nous la création d'une structure légère, peu coûteuse, placée auprès du ministre de la Justice, sur le modèle de la Commission de suivi de la détention provisoire créée dans le cadre de la loi n° 2000-516 du 15 juin 2000 renforçant la protection de la présomption d'innocence et des droits des victimes (Art. 72). Rappelons que cette commission est constituée de deux représentants du Parlement, d'un magistrat de la Cour de cassation, d'un membre du Conseil d'Etat, d'un professeur de droit, d'un avocat et d'un représentant de la communauté scientifique.

Aidé d'un secrétariat scientifique permanent, disposant d'un minimum de moyens administratifs, l'observatoire de la récidive pourrait mobiliser, pour remplir sa tâche, les compétences des services du Ministère de la Justice. Il

---

1. Référence : Point de vue publié en première page du quotidien *Le Monde* : « Il faut créer un observatoire de la récidive », signé par Alain Blanc, Philippe Pottier, Jean-Louis Senon, Daniel Soulez Larivière et Pierre V. Tournier, 10 septembre 2005.

devrait aussi avoir les moyens de procéder à des visites et ou à des auditions afin de mobiliser toutes les compétences acquises par les acteurs de terrain ou par les chercheurs, en France ou chez nos partenaires européens.

Le premier objectif serait de centraliser les données existantes sur le sujet, mettre ces informations à disposition (site internet), les actualiser en permanence, développer des outils pédagogiques synthétisant ces connaissances acquises pour les rendre lisibles par les politiques, les acteurs de la justice comme par l'ensemble de nos concitoyens.

Le corpus ne devrait pas se limiter à la définition, à la mesure de la récidive et l'étude des conditions du nouveau passage à l'acte, mais devrait aussi inclure, en amont, la question du prononcé des mesures et sanctions pénales, les conditions juridiques et sociologiques de leur application (aménagement) en milieu fermé comme en milieu ouvert, les conditions de fin de placement sous main de Justice.

L'observatoire devrait aussi assurer une fonction de veille concernant les cas de récidive, qui justifient, de par leur gravité et leur médiatisation, une information à chaud, rapide mais objective. Il faut aussi approfondir l'étude de ces crimes, au-delà de la période d'intérêt politico-médiatique, et examiner *a posteriori* leur traitement médiatique afin d'améliorer les modes de communication des pouvoirs publics et des scientifiques. Un tel travail devrait naturellement associer des professionnels de l'information.

A plus long terme, l'observatoire devrait aider à la construction des programmes – et à leur mise en œuvre – de formation initiale et continue, dans les écoles relevant du Ministère de la Justice, participer à l'élaboration de nouveaux instruments statistiques performants, mobiliser la communauté scientifique afin qu'elle apporte sa contribution à l'élaboration de nouveaux programmes de recherches pluridisciplinaires, faciliter la coopération avec nos partenaires européens, pour une meilleure connaissance de leurs pratiques (« bonnes » ou « mauvaises ») et des résultats du traitement de la récidive, coopération qui devrait aussi inclure la réalisation d'enquêtes, en parallèle, reposant sur des méthodologies identiques.

Un rapport d'activité et de proposition serait élaboré chaque année et largement diffusé (conférence de presse et internet).

Dans une société solidaire où le corps social se doit de réagir avec détermination quand l'un des siens est atteint, améliorer la connaissance scientifique sur ces questions est une obligation morale vis-à-vis des victimes des crimes et des délits et de leurs proches. C'est aussi la seule façon de rendre illégitimes les approches démagogiques et stériles qui nient la gravité de ces questions ou, au contraire les dénaturent à travers un discours sécuritaire dont le principal inconvénient, pour les victimes potentielles, est d'être inopérant.

Alain Blanc, président de la Cour d'assises de Paris

Philippe Pottier, fonctionnaire pénitentiaire, président de l'Association française de criminologie

Jean-Louis Senon, professeur de psychiatrie légale, Université de Poitiers

Daniel Soulez Larivière, avocat au Barreau de Paris

Pierre V. Tournier, directeur de recherches au CNRS, Université Paris 1.

3

L'appel des 160 en faveur de la création d'un observatoire de la récidive des infractions pénales

30 septembre 2005 [1]

Monsieur Pascal Clément
Garde des Sceaux, Ministre de la Justice,
13, place Vendôme
75001 PARIS

Monsieur le Garde des Sceaux,

Dans la perspective de la discussion de la proposition de loi sur la récidive des infractions pénales, qui se déroulera à l'Assemblée nationale cet automne, nous tenions à vous informer de notre entier soutien à la proposition de création d'un Observatoire de la récidive des infractions pénales, qui serait placé auprès de vous, sur le modèle de la Commission de suivi de la détention provisoire (loi n° 2000- 516 du 15 juin 2000).

Nous vous prions de croire, Monsieur le Garde des Sceaux, à l'expression de notre haute considération.

P.J. Lettre du 16 août 2005, de Monsieur le Premier Président de la Cour de Cassation adressée à M. Pierre V. Tournier.
– Projet d'observatoire de la récidive diffusé début août.
– Proposition d'amendement à la proposition de loi sur la récidive

1. Référence : Lettre ouverte adressée à M. Pascal Clément, Garde des Sceaux, de soutien à la proposition de créer un Observatoire de la récidive des infractions pénales, signée par 160 personnes morales et personnalités, 30 septembre 2005.

Copie à M. le Président de l'Assemblée nationale, M. le Président du Sénat, M. le Premier Président de la Cour de Cassation, M. Christian Mellotée, conseiller à la Justice à la Présidence de la République, M. Philippe Mettoux, conseiller à la Justice auprès de M. le Premier Ministre.

Les 160 premiers signataires

Personnes morales
Balmain Henri, au nom de la commission « Justice » des Verts,
Brossy-Patin Marie, au nom de l'ARAPEJ-Ile-de-France,
Busson Guy Bernard, au nom de la FARAPEJ,
Conil Pierre, au nom du Syndicat des avocats de France (SAF),
Dubois Jean-Pierre, au nom de la Ligue des droits de l'homme (LDH),
Mercier Daniel, au nom de l'Association « Repousser les murs »,
Malbert Henri, au nom de la commission « Justice » du Parti communiste français (PCF),
Michaëlis Monique, au nom de l'association « Grisélidis », santé communautaire avec les personnes prostituées, Toulouse,
Paris Milko, au nom de Ban Public,
Pottier Philippe, au nom de l'Association française de criminologie (AFC),
Prompsy Jean-Jacques , au nom du groupe Mialet,
Saurin Alexis, au nom du Groupement national étudiant d'enseignement aux personnes incarcérées
(GENEPI),
Tournier Pierre V., au nom du Club social-démocrate « DES Maintenant en Europe ».

Elus
Borvo Nicole, sénatrice de Paris,
Caresche Christophe, député de Paris, membre du Conseil d'orientation de l'Observatoire national de la délinquance (OND), adjoint au Maire de Paris chargé de la sécurité,
Komites Pénélope, adjointe au Maire de Paris chargée des personnes handicapées,
Lang Jack, ancien ministre, député du Pas de Calais,
Lienemann Marie Noëlle, ancien ministre, député européen, et vice-présidente de la Région Nord-Pas-de-Calais,
Mamère Noël, député de Gironde,
Vallini André, député de l'Isère, président du Conseil général, secrétaire national du Parti Socialiste aux institutions, à la justice, à la sécurité et à la réforme de l'Etat,
Véron Pauline, avocate et adjointe au Maire du 9ème arrondissement de Paris,

Autres personnes physiques
Abdellaoui Sid, maître de conférences en psychologie sociale à l'Université de Rouen,
Amazzane Habiba, assistante parlementaire, Paris,
Anquez Aurélie, étudiante en droit à l'Université de Lille 2,
Archer Evry, psychiatre, chef du Service médico-psychologique régional de Loos-les-Lille,
Arnaud Nicolas, doctorant en sciences de gestion, Université de Nantes,
Attar Michèle, membre du Conseil économique et social, Paris,
Audibert Georges, visiteur de prison à Draguignan,
Balhouane Charles, psychologue clinicien en milieu pénitentiaire,
Barbier Alain, adjoint au Directeur du Service pénitentiaire d'insertion et de probation de Paris,
Barré Marie-Danièle, ingénieur socio-démographe, CESDIP/CNRS,
Bataillon Dominique, docteur en philosophie, bénévole à Ban Public,
Bauer Alain, criminologue, Paris,
Bel Josette, enseignante retraitée, Vendôme,

Bernardi François-Noël, avocat au Barreau de Marseille,
Bessette Jean-Michel, professeur de sociologie et d'anthropologie à l'Université de Franche-Comté,
Billaud Alain, magistrat, vice-président du Tribunal de grande instance de Tarbes,
Blanc Alain, magistrat, président de cour d'Assises à Paris,
Boullant François, professeur de philosophie, Savigny sur Orge,
Bourgeois Paul, médiateur et formateur, Centre de recherche sur la médiation de Liège, Belgique,
Blatier Catherine, professeur à l'Université de Grenoble, directrice du laboratoire de Psychologie clinique et pathologie,
Boitard Olivier, psychiatre des hôpitaux au CHI de Clermont de l'Oise,
Bolze Bernard, fondateur de l'Observatoire international des prisons (OIP),
Busson Guy-Bernard, président de la FARAPEJ,
Cario Robert, professeur des Universités, responsable du Master "Criminologie et droit(s) des victimes, Université de Pau et des Pays de l'Adour,
Cartier Marie Elisabeth, professeur de droit émérite de l'Université Panthéon Assas, Paris II,
Chaboche Adrien, responsable administratif et financier de Terre des Hommes France,
Chantriot Nathalie, vice-présidente d'Aides Ile de France,
Charbonneau Alexandre, ATER, doctorant en droit, Université de Nantes,
Chavard Tony, enseignant en milieu carcéral, Montpellier,
Chenain Liliane, visiteuse de prison, ancienne présidente de l'Association nationale des visiteurs de prison (ANVP), Chartres,
Chereul Anne, étudiante en droit, membre du GENEPI,
Choiseau Jacqueline, professeur de mathématiques, Rambouillet,
Claudon Richard, psychologue au CRD de Saint-Mihiel,
Claverie Olivier, doctorant en sociologie à l'Université de Bordeaux,
Colin Patrick, maître de conférences en sociologie, Université de Strasbourg,
Corinus-Le Puil Laëtitia, doctorante en droit de l'exécution des peines et assistante de justice au parquet des mineurs,
Courtemanche Marie-Claude, enseignante retraitée, Vendôme,
Danet Jean, maître de conférences en droit à l'Université de Nantes,
Daniel Christian, directeur du Service pénitentiaire d'insertion et de probation des Hauts-de-Seine,
David Michel, psychiatre des hôpitaux, chef de secteur, centre pénitentiaire, SMPR, Fond Sarrail,
Baie-Mahault, Guadeloupe,
Décarpes Pascal, doctorant en sociologie et criminologie aux universités de Strasbourg et Greifswal, Allemagne,
Denimal Bernard, directeur de service social spécialisé,
Dériot Daniel, travailleur social, Chalon- sur Saône, de Suremain Mina, chef de projet, association l'Estran,
Dillon Bernard, visiteur de prison à la maison d'arrêt de Foix,
Dittgen Alfred, démographe, professeur à l'Université Paris I Panthéon Sorbonne,
Doyen Claude, magistrat, juge de l'application des peines à Strasbourg,
Du Mesnil Godefroy, vice-président du Tribunal de première instance de Papeete, précédemment Juge de l'application des peines et Président du Tribunal correctionnel,
Duthu Françoise, économiste et ancienne députée au parlement européen,
Duval Joëlle, réceptionniste et maman d'une personne détenue,
Elchardus Jean-Marc, professeur de psychiatrie légale, Institut universitaire Alexandre Lacassagne, Faculté de médecine de Lyon,
Enderlin Samantha, doctorante en droit, rédactrice juridique, Paris,
Enginger-Nesa Anne-Marie, avocat à la Cour d'appel de Nîmes,
Evrard Vanessa, conseillère d'insertion et de probation, Paris,

Falconi Ana Maria, sociologue, chercheur associée au Centre Maurice Halbwachs,
Faure Michaël, sociologue, directeur de Sémaphore, Saint-Etienne,
Federmann Georges Yoram, psychiatre, Strasbourg,
Fortuit Hugues, médecin psychiatre, responsable de l'unité fonctionnelle soins psychiatriques en milieu pénitentiaire à la maison d'arrêt de Bonneville, Haute Savoie,
Fresnault Fabrice, enseignant en histoire et géographie,
Gaillard Bernard, maître de conférences en psychologie psycho-criminologie, Université Rennes 2,
Gauthier Isabelle, adjointe du directeur du Service pénitentiaire d'insertion et de probation des Hauts-de-Seine,
Genoyer Marc, avocat à la Cour, Montpellier,
Geoffroy Carol, auteur réalisatrice à Albi,
Girard Caroline, doctorante en socio-démographie à l'EHESS, Dolle,
Gravier Bruno, psychiatre, Lausanne, Suisse,
Gras Laurent, docteur en socio-démographie, enseignant-chercheur à l'Ecole nationale d'administration pénitentiaire, ENAP, Agen,
Griollet Fabienne, avocat au barreau de Paris,
Guérin Michel, écrivain, éditeur,
Heras de Pedro Sylvie, vice-président chargée de l'application des peines auprès du Tribunal de Grande Instance de Poitiers,
Herszkowicz Edouard, psychiatre, praticien hospitalier, responsable de la permanence santé justice au Palais de Justice de Grasse, médecin coordonnateur,
Hervouet Vincent, doctorant en géographie, Université de Nantes,
Herzog-Evans Martine, maître de conférences en droit à l'Université de Nantes,
Hunault Anne Sophie, journaliste,
Jacquier Edith, membre d'Action des chrétiens pour l'abolition de la torture (ACAT),
Janas Michaël, magistrat, président de l'Association nationale des juges de l'application des peines (ANJAP), JAP à Draguignan,
Kania Eric, psychiatre, SMPR des Baumettes, Marseille,
Kensey Annie, socio-démographe, chargée d'étude au Ministère de la Justice,
Killias Martin, professeur, directeur de l'Institut de criminologie et de droit pénal de l'Université de Lausanne, Suisse,
Kessous Roland, magistrat, Paris,
Klopp Anne-Marie, criminologue, présidente du Europäisches Forum für angewandte Kriminalpolitik, Allemagne,
Kuhn André, professeur de droit pénal et de criminologie à l'Université de Lausanne,
Labouret Jean-Paul, visiteur de prison, administrateur et professeur d'Auxilia, enseignement gratuit par correspondance pour les détenus,
Laganier Juliette, chargée de mission Justice à la FNARS, Paris,
Lebaron Frédéric, professeur de sociologie, directeur du Centre universitaire de recherches administratives et politiques de Picardie, Université de Picardie Jules Verne,
Leblanc Frédérique, maître de conférences en sociologie, Université Paris X Nanterre,
Lepany Franceline, avocat au Barreau de Paris,
Leriche Gérard, enseignant retraité, Vendôme,
Leriche Laurent, formateur, membre de Ban Public, Vendôme,
Ligier Jean-Marie, directeur des Services pénitentiaires d'insertion et de probation du Territoire de Belfort et de Haute-Saône,
Limayem Hamed, avocat, Monastir, Tunisie,
Lorvellec Soizic, ingénieur de recherches, Université de Nantes, administrateur de l'AFC,
Malfroy Pierre, conseiller d'insertion et de probation des services déconcentrés de l'Administration pénitentiaire, SPIP du Val d'Oise,
Martinel Agnès, magistrat, Paris,
Martinez Jessy, écrivain,

Mas Marie-Laure, magistrat, vice-présidente chargée de l'instruction au Tribunal de grande instance de Grenoble,
Mbanzoulou Paul, maître de conférences associé à Université de Pau et des Pays de l'Adour,
Menuet Laetitia, doctorante en sciences du langage, Université de Nantes,
Mérian Danielle, avocat à la Cour, membre de l'Association Française de Criminologie (AFC), membre de l'Action des Chrétiens pour l'abolition de la torture ACAT),
Michonova Roumiana, ATER, doctorante en sociologie, Université de Nantes,
Milhaud Olivier, géographe, Université de Bordeaux III, membre du GENEPI,
Mornard Marie, criminologue, Bruxelles, Belgique,
Nguimfack Léonard, doctorant en psycho-criminologie clinique, Lille,
Nicolas Amélie, doctorante en sociologie, Université de Nantes,
Normandeau André, criminologue et professeur, directeur du Groupe de recherche sur la police, Université de Montréal, Canada,
Ory Pascal, professeur d'histoire contemporaine à l'Université de Paris 1,
Paris Milko, militant associatif,
Paillart Philippe, adjoint au directeur de la maison centrale de Poissy,
Péchabrier Michèle, psychologue,
Pécheu Guy, avocat, élu local, Carrières-sous-Poissy,
Pelissier Pierre, magistrat, Paris,
Perrier Yves, directeur du Service pénitentiaire d'insertion et de probation de la Loire et de la Haute-Loire,
Perrin Lionel, membre du groupe de Grenoble de l'Observatoire international des prisons,
Peschanski Denis, historien, directeur de recherches au CNRS, Université Paris 1,
Peter Jean-Marie, citoyen, Aix-en-Provence,
Peton Patrick, médecin, CHU de Nancy,
Peyraud Jean-Michel, membre de la commission Justice et Conseil national inter-régional (CNIR), les Verts,
Pham Thierry H., directeur CRDS asbl en Belgique, professeur l'Université de Mons-Hainaut en Belgique, associé à l'Université de Montréal,
Pihel Laetitia, ATER, doctorante en sciences de gestion, Université de Poitiers,
Pottier Philippe, directeur du Service pénitentiaire d'insertion et de probation de Charente,
Poussier Caroline, rédactrice d'un mémoire de fin d'études sur la question du développement socioculturel en milieu carcéral,
Przygodzki-Lionet Nathalie, maître de conférences en psychologie sociale, Université de Lille 3,
Raimbault Philippe, maître de conférences en droit public à l'Université Toulouse 1,
Reisz Daniel, visiteur de prison, inspecteur d'Académie honoraire,
Richard Jacques-Eric, suisse député socialiste directeur d'un établissement pénitentiaire vaudois.
Ripoll Philippe, écrivain, maître de conférences associé, Université de Rouen,
Roché Sebastian, politologue, directeur de recherches au CNRS, responsable du Pôle sécurité et société, Institut d'études politiques de Grenoble,
Romane Claude, étudiant école d'ostéopathie de Toulouse,
Saurin Alexis, doctorant en informatique, Paris,
Savin Bernard, psychologue, docteur en psychologie, Fédération des Soins aux Détenus, CHI de Clermont-de-Oise,
Savin Michèle, praticien Hospitalier en Psychiatrie, chef de service de la Fédération des soins aux détenus, CHI de Clermont-de-l'Oise,
Senon Jean-Louis, professeur de psychiatrie légale, Université de Poitiers,
Shea Evelyn, doctorante en droit à l'Université de Strasbourg,
Soulez Larivière Daniel, avocat au Barreau de Paris,
Stora-Lamarre Annie, professeur d'histoire contemporaine à l'Université de Franche-Comté,
Taupin Christiane, visiteuse de prison, Orsay,

Tessier Philippe, docteur en économie, Université de Nantes,
Tonnellier Thierry, éditeur et étudiant en droit, Etats-Unis d'Amérique,
Tournier Pierre V., démographe, directeur de recherches au CNRS, Université Paris 1,
Vallet Nathalie, travailleur social,
Vella Michel, médecin praticien hospitalier responsable de l'UCSA de Draguignan intervenant au centre pénitentiaire,
Viaux Jean-Luc, professeur de psychologie clinique, Université de Rouen,
Wallotton André, membre du Conseil de coopération pénologique du Conseil de l'Europe, chargé de mission à la Direction de l'administration pénitentiaire du canton de Vaux, Suisse,

Contact : M. Pierre V. Tournier, directeur de recherches au CNRS, 43, rue Guy Môquet 75017 PARIS, Tél. Fax 01 42 63 45 04, Courriel : pierre-victor.tournier@wanadoo.fr

4

Proposition d'amendement au projet de loi sur le traitement de la récidive des infractions pénales

1er octobre 2005 [1]

Un observatoire de la récidive des infractions pénales est institué. Il est placé auprès du ministre de la Justice.

Il est composé de deux représentants du Parlement, d'un magistrat de la Cour de cassation, d'un membre du Conseil d'Etat, d'un professeur de droit, d'un avocat et d'un chercheur spécialiste du champ.

Aidé d'un secrétariat scientifique, il est chargé de centraliser les données juridiques, statistiques, criminologiques concernant la récidive, en France et à l'étranger, de mettre ces informations à disposition et de les actualiser en permanence.

Ces données portent sur la mesure de la récidive, l'étude des conditions du nouveau passage à l'acte, mais aussi l'étude du prononcé des mesures et sanctions pénales, des conditions juridiques et sociologiques de leur application en milieu fermé comme en milieu ouvert, ainsi que des conditions de fin de placement sous main de Justice.

Il se fait communiquer tout document utile à sa mission et peut procéder à des visites et à des auditions.

---

1. Référence : « Projet de loi sur le traitement de la récidive des infractions pénales, proposition d'amendement », note rédigée et diffusée auprès des groupes parlementaires par Pierre V. Tournier, 1er octobre 2005.

Il publie, dans un rapport annuel, une synthèse des données les plus récentes, nationales et internationales, sur la récidive ainsi que la présentation des différentes politiques mises en œuvre.

Un décret du Conseil d'Etat fixe les modalités d'application du présent article.

Pierre V. Tournier,
Directeur de recherches au CNRS,
Université Paris 1 Panthéon Sorbonne

5

La « commission d'analyse et de suivi de la récidive » du garde des Sceaux

Une manœuvre politicienne

11 octobre 2005 [1]

Cette création d'une « Commission d'analyse et de suivi de la récidive » fait suite à la proposition que j'avais présentée lors d'une conférence de presse tenue, à Paris, le mardi 28 juin 2005. Les objectifs de « l'observatoire de la récidive » que j'appelais alors de mes vœux furent précisés dans un courrier adressé au Garde des Sceaux le 4 août 2005, puis n'ayant pas de réponse, dans une lettre ouverte début septembre signée par une quinzaine d'organisations et plus de 130 personnalités scientifiques, syndicales, associatives et politiques, elle aussi restée sans réponse. Chacun pourra comparer les propositions faites alors et les réponses qui viennent d'être apportées par le Garde des Sceaux ! Un seul exemple, le Ministre ne veut pas de parlementaires dans cette commission.

Il y avait certainement extrême urgence à créer une telle structure pour « lutter efficacement contre ce phénomène mal connu », pour reprendre les termes du communiqué de presse du Garde des Sceaux.

Ajoutons que le phénomène est surtout mal connu du gouvernement comme en témoigne certaines déclarations récentes, du Ministre de la Justice (voir chapitre 6). La France est ainsi l'une des rares démocraties européennes où l'on peut légiférer, sur ces questions complexes, sans la coopération de représentants des sciences sociales, spécialistes du champ pénal. Aussi face à ce constat d'ignorance est-il raisonnable de voter, en l'état, la

1. Référence : Communiqué de presse de Pierre V. Tournier sur la création par le Garde des Sceaux d'une Commission d'analyse et de suivi de la récidive, annoncée le 10 octobre, soit deux jours avant le débat à l'Assemblée nationale, 11 octobre 2005.

proposition de loi sur le traitement de la récidive des infractions pénales, proposition qui préconise des solutions non expérimentées, non évaluées sur le plan des coûts, de l'efficacité et des effets pervers éventuels, et retenues, à ce jour, par pratiquement aucun de nos partenaires européens ? Il faut que le Parlement vote, au plus vite, la création d'un observatoire de la récidive, digne de ce nom, et renvoie le reste à plus tard… au jour où la représentation nationale disposera du 1er rapport de cet observatoire à créer, c'est-à-dire d'une information rigoureuse et aussi complète que possible [2].

---

2. A ma connaissance, la création d'un observatoire de la récidive devait faire l'objet de trois amendements différents, allant dans le même sens, déposés par André Vallini et Christophe Caresche (socialistes), Hervé Morin (UDF) et Christine Boutin (UMP), présidente du groupe d'études sur les prisons.

6

A propos du nombre de récidivistes potentiels

Le Garde des Sceaux fâché avec les chiffres

11 octobre 2005 [1]

Déclaration du Garde des Sceaux le 27 septembre 2005 : « Sur 55 000 détenus en France, 40 % sont emprisonnés [2] pour délits ou crimes sexuels. Même si 2,5 % sont des récidivistes potentiels, ce sont 600 à 800 détenus qui, une fois dehors, pourraient commettre un nouveau crime sexuel » [3].

Les calculs qui suivent reposent uniquement sur des données « officielles » publiées par le Ministère de la Justice (voir références en notes de bas de page).

1ère erreur. 55 000 x 40 % x 2,5 % = 550. Mais 550 n'est pas compris dans l'intervalle [600 ; 800].

Au 1er septembre 2005, l'effectif de la population sous écrou est de 57 582 (métropole et outre-mer). En excluant les 755 condamnés déjà placés sous surveillance électronique fixe et les 232 condamnés placés à l'extérieur

---

1. Référence : Tournier P.V., « Projet de loi sur la récidive et le placement sous surveillance électronique mobile : les calculs du Garde des Sceaux revus à la baisse », 11 octobre 2005.

Ces données seront reprises dans un article du *Monde*, signé par Nathalie Guibert, titré « le Garde des Sceaux est fâché avec les chiffres » qui provoquera l'effervescence à la Chancellerie.

2. Le terme est juridiquement incorrect : ces personnes sont « sous écrou », seules les personnes condamnées pour un délit purgent une peine « d'emprisonnement ».

3. Mardi 27 septembre, déclaration reprise dans une dépêche AP, reproduite dans Nouvel Obs.com.

sans hébergement, on obtient un nombre de 56 595 personnes détenues [4]. Pour les calculs ultérieurs, nous partirons de ce nombre arrondi à 56 600.

2ème erreur. La proportion des personnes détenues pour « délits ou crimes sexuels » n'est pas de 40 % mais d'environ 20 %.

La proportion de personnes détenues pour délits ou crimes sexuels, plus précisément pour viols et autres agressions sexuelles n'est connue que pour les condamnés. Au 1er juillet 2005, elle était de 20,8 % [5] (France métropolitaine). Elle est en légère baisse ces dernières années.

En l'absence de données sur la structure de la population des prévenus (1/3 de la population carcérale) selon la nature de l'infraction poursuivie, on peut appliquer cette même proportion d'environ 20 % à l'ensemble de la population détenue.

Mais 20 % chez les prévenus et 20 % chez les condamnés, cela ne fait pas 40 % sur l'ensemble, mais toujours 20 %.

3ème erreur. Le taux de récidive criminelle, sur 5 ans, des condamnés pour délits ou crimes sexuels n'est pas de 2,5 %. Il est estimé à moins de 1 %.

Le taux de nouvelles condamnations pour crime, 5 ans après la libération, est de 1 % pour les sortants initialement condamnés pour viols et autres agressions sexuelles criminelles sur mineur et de moins de 0,5 % pour les agressions sexuelles sur mineur (délit) [6].

Nous n'avons pas de données sur les condamnés pour « viols et autres agressions sexuelles sur majeur ». Mais ils représentent moins de 30 % de l'ensemble des détenus condamnés pour « viols et autres agressions sexuelles » (sur mineur ou sur majeur). Retenons donc le taux de 1 %.

56 600 x 20 % x 1 % = 113.

A priori, la proportion de 2,5 %, citée par le Garde des Sceaux est un pourcentage de récidivistes, au moment de la condamnation, et non un taux de récidives (voir note *infra* sur cette confusion classique).

---

4. Direction de l'administration pénitentiaire, Bureau des études, de la prospective et des méthodes, Statistique mensuelle de la population écrouée et détenue en France, situation au 1er septembre 2005.

5. Direction de l'administration pénitentiaire, Bureau des études, de la prospective et des méthodes, Statistiques trimestrielles de la population prise en charge en milieu fermé, n°103, situation au 1er juillet 2005, page 21.

6. Kensey A., Tournier P.V., coll. Alméras Ch., « La récidive des sortants de prison », *Cahiers de démographie pénitentiaire,* n°15, 2004, Direction de l'Administration pénitentiaire, Tableau 3.

4ème erreur. Confusion entre données de stocks et données de flux. Pour évaluer le nombre de sortants de prison qui vont de nouveau commettre un crime, il faut, naturellement, raisonner en « flux » de sortants et non en « stocks » de présents. La durée moyenne de détention effective des condamnés pour « viols et autres agressions sexuelles sur mineur ou majeur » est estimée à 31,2 mois (2,6 ans) [7].

En appliquant le modèle démographique dit de « la population stationnaire », cela donne la chose suivante [8] : P = E x d où P représente le stock, E le nombre d'entrées ou de sorties annuelles et d la durée moyenne de détention effective, calculée en années. D'où E = P / d = 113 / 2,6 = 43.

Ce nombre est une estimation par excès car nous avons raisonné sur l'ensemble de la population détenue (prévenus et condamnés). Or certains prévenus verront leur innocence reconnue, en cours de détention provisoire ou au procès, et la question de la récidive, *stricto sensu,* ne se pose donc pas pour eux. Ainsi l'ordre de grandeur du nombre annuel de sortants initialement condamnés pour « viols et autres agressions sexuelles », délit ou crime, sur mineur ou sur majeur, qui commettront, dans les 5 ans après leur libération, un nouveau crime (sexuel ou non) peut être estimé à environ 40.

Notre estimation est donc 20 fois plus faible que celle du Garde des Sceaux. Il reste que ces 40 sortants qui vont récidiver, dans les 5 ans, représentent un défi pour l'appareil judiciaire et pour l'ensemble de la société, d'autant que chacun peut faire nombre de victimes. L'actualité récente l'a montré.

Remarque méthodologique

Depuis quelques années, le service statistique du Ministère de la Justice produit, à partir du seul casier judiciaire, des données présentées sous le nom de « taux de récidivistes », voire de « taux de récidive ». Ces chiffres ont d'ailleurs été largement mobilisés par la mission parlementaire « Clément ». Ces taux ne mesurent pas directement un risque de récidive. Ils établissent quelle est, parmi les condamnés d'une année, la proportion de condamnés avec antécédents (dans les cinq ans qui précèdent la condamnation de référence). Avec ces chiffres, on peut, pour l'essentiel, étudier la façon dont les juridictions de jugement tiennent compte, dans le choix de la nature de la

---

7. Kensey A, Tournier P.V., *Base de données « Aménagement », peine prononcée, détention effectuée. Enquête nationale par sondage, sur les modalités d'exécution des peines privatives de liberté,* Paris, CESDIP, Direction de l'administration pénitentiaire, Concepts & Méthodes n° 22, 2002, page 57.

8. Tournier P.V., « L'équation des prisons », *in* Lehning H. (dir.), *Les équations algébriques. Aborder les inconnues »,* bibliothèque Tangente, HS n°22, juin 2005, 150-152.

peine et de son quantum, du poids du passé judiciaire. Ainsi le service statistique du Ministère de la Justice établit qu'en 2003, parmi les condamnés au sursis avec mise à l'épreuve (SME), on trouve 54 % de personnes sans antécédent, et 46 % avec antécédent.

Dans l'observation suivie que la direction de l'administration pénitentiaire utilise dans ces enquêtes, depuis la fin des années 1970, la perspective est toute autre. Reprenons l'exemple du SME. Nous prenons comme point de départ, un échantillon de 775 personnes condamnées en 1996 au SME et nous examinons ce qu'elles deviennent, sur le plan judiciaire, dans les 6 ans qui vont suivre cette condamnation. Vont-elles être de nouveau sanctionnées pour une nouvelle affaire, de quelle gravité, etc. ? Ainsi trouve-t-on un taux de niveau 2 (prison ferme) de 32 %, et un taux de niveau 1 (recondamnation) de 52 %.

Cette démarche dynamique, tournée vers le futur, est la seule qui permette d'évaluer des « risques », d'en étudier les variations selon les caractéristiques sociodémographiques et pénales des individus, de prendre en compte le choix de la peine et d'en mesurer les conséquences (et pas seulement les causes) et surtout d'étudier l'influence des conditions d'exécution des peines en milieu fermé comme en milieu ouvert.

7

Vers un observatoire national des mesures et sanctions pénales ?

14 octobre 2007 [1]

Lors de sa séance du 18 juillet 2007, la Commission des Lois de l'Assemblée nationale a adopté, à l'unanimité, la proposition de son président, Jean-Luc Warsmann, de créer une mission pluraliste sur « l'exécution des décisions de justice pénale ». Le projet de loi renforçant la lutte contre la récidive des majeurs et des mineurs (loi du 10 août 2007) était alors en discussion.

Cette mission a souhaité m'auditionner, à titre personnel, le 25 octobre. Le texte qui suit a été rédigé dans cette perspective. Que l'expression soit prise au sens strict de mise à exécution ou au sens large de mise à exécution mais aussi d'application effective, dans la durée, des décisions pénales [2], la mission parlementaire en viendra certainement à constater la faiblesse des moyens d'analyse et de suivi dont nous disposons aujourd'hui dans ce domaine [3]. En viendra-t-elle alors à préconiser, face à une telle pénurie, la

---

1. Référence : Tournier P.V., *Vers un observatoire national des mesures et sanctions pénales ?*, note à l'attention de la mission d'information sur l'exécution des décisions de justice pénale de l'Assemblée nationale présidée par M. Jean-Luc Warsmann, 14 octobre 2007, note publiée dans la revue électronique *Champ pénal / Penal Field.* http://champpenal.revues.org/3373 ; DOI : 10.4000/champpenal.3373

2. Voir Tournier P. V., *Mise à exécution et application des peines*, Note à l'attention de la mission « Warsmann » d'information sur l'exécution des décisions de Justice pénale de l'Assemblée nationale, Université Paris 1 Panthéon Sorbonne, Centre d'histoire sociale du XXème siècle, 2007, 3 p.

3. Tournier P.V., *Dictionnaire de démographie pénale. Des outils pour arpenter le champ pénal*, L'Harmattan, Coll. Criminologie, décembre 2010, 211 p.

mise en place, au sein du ministère de la Justice, d'une nouvelle commission *ad'hoc* ?

1. Suivi de la détention provisoire

On se souvient que la loi n°2000-516 du 15 juin 2000 renforçant la protection de la présomption d'innocence et des droits des victimes avait prévu, dans son article 72, la mise en place d'une Commission de suivi de la détention provisoire. Placée auprès du ministre de la Justice, cette commission est constituée de deux représentants du Parlement, d'un magistrat de la Cour de cassation, d'un membre du Conseil d'Etat, d'un professeur de droit, d'un avocat et d'un représentant de la communauté scientifique [4]. Elle est présidée, depuis son origine, par M. Jean-Marie Delarue, professeur agrégé, Conseiller d'Etat, ancien président du Conseil national de l'information statistique (CNIS) de 1998 à 2002. La commission est chargée « de réunir les données juridiques, statistiques et pénitentiaires concernant la détention provisoire, en France et à l'étranger ». « Elle publie, dans un rapport annuel, des données statistiques locales, nationales et internationales concernant l'évolution de la détention provisoire ainsi que la présentation des différentes politiques mises en œuvre ». Enfin, « elle établit une synthèse des décisions en matière d'indemnisation de la détention provisoire » [5].

2. Suivi de la récidive

Dans le cadre du débat qui précéda l'adoption de la loi du 12 décembre 2005 sur le traitement de la récidive des infractions pénales, j'avais proposé la création, dans le cadre de la loi, d'un Observatoire de la récidive (conférence de presse tenue à Paris le 28 juin 2005). Ses objectifs furent précisés dans différents documents [6] et, en particulier, dans une tribune publiée dans *Le Monde*, en août, co-signée par un certain nombre de personnalités. Le texte se terminait ainsi : « Dans une société solidaire où le corps social se doit de réagir avec détermination quand l'un des siens est atteint, améliorer la connaissance scientifique sur ces questions est une obligation morale vis-à-vis des victimes des crimes et des délits et de leurs proches. C'est aussi la seule façon de rendre illégitimes les approches démagogiques et stériles qui nient la gravité de ces questions ou, au contraire les dénaturent

---

4. Bruno Aubusson de Cavarlay, directeur de recherches au CNRS, ingénieur statisticien diplômé de l'ENSAE et docteur en sociologie.

5. Commission de suivi de la détention provisoire, *Rapport 2006*, février 2007, 173 p.

6. Lettre ouverte du 4 août 2005 à M. Pascal Clément, Garde des Sceaux.

à travers un discours sécuritaire dont le principal inconvénient, pour les victimes potentielles, est d'être inopérant ». La veille de l'ouverture des débats à l'Assemblée nationale, M. Clément, Garde des Sceaux, annonça la mise en place, par voie réglementaire, d'une commission d'analyse et de suivi de la récidive, placée sous la présidence de M. Jacques-Henri Robert, professeur de droit à l'Université Paris 2 Assas. La commission est composée de trois magistrats, d'un psychiatre, d'un avocat, d'un commissaire de police, d'un directeur de service pénitentiaire d'insertion et de probation (DSPIP), d'un directeur d'établissement pénitentiaire et d'un chercheur [7]. Elle a vocation à « déterminer les outils fiables pour mesurer la récidive, à analyser son évolution et à formuler des préconisations pour la combattre. A cette fin, la commission réunira des données juridiques, statistiques et pénitentiaires utiles à sa mission, procédera aux auditions et visites nécessaires et recueillera les avis des experts reconnus » [8]. Son premier rapport annuel (sic) a été déposé le 28 juin 2007 [9].

3. Suivi des mesures et sanctions pénales ?

Va-t-on ainsi continuer à mettre en place des missions d'analyse et de suivi thématiques, sans liens entre elles, chaque fois qu'un nouveau domaine du système de justice pénale sera mis sous les feux de l'actualité législative et/ou de l'actualité des « faits divers » ? Va–t-on continuer ainsi à faire du couper coller, plus ou moins automatique quant à la définition de leur composition et à leurs objectifs, sans tenir compte d'ailleurs, des moyens existants au sein de la Chancellerie en matière d'expertise scientifique : centre de recherche associé au CNRS (CESDIP), sous-direction de la statistique et des études de la Direction générale de l'administration et de l'équipement (DAGE), pôle études et évaluations de la Direction des affaires criminelles et des grâces (DACG), bureau des études de la direction de la protection judiciaire de la jeunesse (DPJJ), bureau des études, de la prospective et des méthodes », et, bientôt, « bureau de la statistique et de la recherche de la Direction de l'administration pénitentiaire (DAP) ?

En s'appuyant sur ce potentiel très important (en quantité, et en qualité), mais aussi sur le gisement de l'expertise des universités et du CNRS, n'est-il pas temps de mettre en place, auprès du Secrétariat général du Ministère de

---

7. Sebastian Roché, directeur de recherches au CNRS, docteur en science politique. La commission ne comprend donc pas de spécialiste de l'analyse quantitative (statisticien ou démographe spécialiste des populations pénales).

8. Communiqué de presse de la Chancellerie du 10 octobre 2005 annonçant la création de la commission.

9. Ministère de la Justice, Rapport établi par la commission d'analyse et de suivi de la récidive, juin 2007, 110 p.

la Justice, un « Observatoire national des mesures et sanctions pénales » ? (ONMSP), structure légère qui serait l'ensemble complémentaire, naturel, de l'Observatoire national de la délinquance (OND) mis en place, en novembre 2003, au sein du Ministère de l'Intérieur [10] ? Les deux missions « détention provisoire » et « récidive » déjà existantes y seraient naturellement intégrées.

Sa première tâche pourrait être de faire – ou de faire faire – un audit précis des outils d'analyse et de suivi opérationnels dont la Chancellerie dispose dans le champ.

4. Le champ de compétence de l'ONMSP

Ce serait celui de l'ensemble des « mesures et sanctions pénales » (MSP) [11]. Le terme de mesure est à prendre dans son sens le plus large et non au sens juridique de « mesure de sûreté ». Il recouvre des décisions qui peuvent être prises à toutes les étapes du processus pénal avant le procès, pendant le procès, comme après : mesures, avant le procès, non restrictives de liberté (ex. : médiation pénale) restrictives de liberté (ex. : contrôle judiciaire) ou privatives de liberté (ex. : détention provisoire), aménagement d'une peine privative de liberté dès le prononcé de la peine ou au moment de sa mise à exécution (ex. : placement sous surveillance électronique fixe), aménagement en cours d'exécution d'une peine (libération conditionnelle). Quant aux sanctions pénales, elles peuvent être de toutes natures : de la réclusion ou détention criminelle à perpétuité à la dispense de peine en passant par les sanctions exécutées en milieu ouvert.

Un certain nombre de thématiques qui devraient être traitées, en priorité, par l'observatoire viennent tout de suite à l'esprit : contrôle judiciaire, détention provisoire et comparution immédiate, choix de la sanction, évaluation de nouvelles sanctions (ex. : les peines planchers), mise à exécution des sanctions, aménagement des peines (en milieu fermé comme

---

10. L'indépendance stratégique de l'OND est assurée par un Conseil d'orientation composé de 17 représentants de la société civile, élus nationaux et locaux, universitaires et chercheurs, représentants des médias, représentants des associations, des ordres, des groupements et des organismes privés (Fédération française bancaire, Union sociale pour l'habitat). 11 représentants de l'Etat, outre le directeur de l'INHES à titre consultatif, y siègent également : Défense nationale, Justice, Intérieur, Finances, Transports, Ville, Outre-Mer, Recherche, Education nationale.

11. Ce concept a été forgé à partir de celui de sanctions et mesures appliquées dans la communauté (SMC), introduit par le Conseil de l'Europe Dans la terminologie du *Conseil de l'Europe*, les sanctions et mesures appliquées dans la communauté (SMC) sont des sanctions ou des mesures non carcérales, accompagnées de mesures de « supervision », c'est-à-dire de mesures d'assistance, d'aide et de contrôle (recommandation n°R (92) 16 du *Conseil de l'Europe).* Aux SMC s'ajoutent donc les mesures et sanctions non carcérales sans supervision (ex : l'amende) et les mesures et sanctions carcérales.

en milieu ouvert), obligations de soins, processus de réinsertion et récidive des infractions pénales…

5. Les Dix objectifs de l'ONMSP

Pour définir, brièvement, les objectifs de cet observatoire, je me suis référé à ce que j'avais proposé, en août 2005, à propos de la récidive et qui avait inspiré, de façon très minimaliste, M. Pascal Clément lors de la mise en place de sa commission d'analyse et de suivi de la récidive.

1 - Centraliser les données existantes sur le prononcé et la mise à exécution et l'application des mesures et sanctions pénales : données juridiques, données statistiques et analyses des questions soulevées dans le cadre des différentes disciplines concernées (données produites en France, dans les autres pays du Conseil de l'Europe, dans les pays d'autres continents).

2 - Mettre cette information à disposition (site internet) et l'actualiser en permanence.

3 - Développer des outils pédagogiques permettant de synthétiser les informations les plus importantes issues de cette base documentaire pour les rendre lisibles par le plus grand nombre (services de la Chancellerie et autres départements ministériels, Parlement, acteurs de la justice pénale, syndicats, associations, médias) : notes techniques, synthèses, comparaisons entre MSP, comparaisons internationales, etc. Ce travail exigerait évidemment une grande rigueur scientifique afin que ces outils puissent servir de référence à tous, quelle que soit leur sensibilité idéologique.

4 - Assurer une fonction de veille concernant les affaires, qui justifient, de par leur gravité et/ou leur médiatisation, une information à chaud, rapide mais objective, de nos concitoyens. Approfondir l'étude de ces cas, au-delà de la période d'intérêt politico-médiatique.

Examiner *a posteriori* leur traitement médiatique afin d'améliorer les modes de communication des pouvoirs publics et des scientifiques. Un tel travail devrait naturellement associer des professionnels de l'information.

5 - Aider à la prise en compte de la production de l'observatoire dans la construction des programmes de formation initiale et continue, sur ces questions, dans les écoles relevant du Ministère de la Justice : Ecole nationale de la magistrature (ENM), Ecole nationale d'administration pénitentiaire (ENAP), Centre de formation de la protection judiciaire de la jeunesse. Il ne pourrait s'agir ici que de propositions et de mises à disposition de ressources dans le respect de la compétence des écoles à déterminer contenus et méthodes d'enseignement.

6 - Participer à l'élaboration de nouveaux instruments statistiques au sein du Ministère de la Justice, assurant une production régulière sur ces questions. Là encore, il ne s'agit pas de se substituer aux services compétents, mais d'être un lieu de réflexion, une force de proposition et de mobilisation de moyens.

7 - Assurer une coopération étroite avec l'Observatoire national de la délinquance (OND), voire préparer, à terme, une éventuelle fusion des deux entités en un Observatoire de la délinquance et des mesures et sanctions pénales placé auprès du Premier Ministre.

8 - Mobiliser la communauté scientifique, dans toute sa diversité, sur ces questions, afin qu'elle apporte sa contribution à l'élaboration de nouveaux programmes de recherches pluridisciplinaires qui devraient être pilotés et financés par la mission de recherche « Droit & Justice ».

9 - Faciliter la coopération avec nos partenaires européens, pour une meilleure connaissance des systèmes juridiques, des pratiques (« bonnes » ou « mauvaises ») et des résultats du traitement des infractions pénales, coopération qui devrait aussi inclure l'appui à la réalisation d'enquêtes statistiques, en parallèle, reposant sur des méthodologies identiques (du moins compatibles entre elles) sur tel ou tel thème.

Dans cet esprit, accorder une attention toute particulière aux productions du Conseil de l'Europe en la matière (recommandations et autres travaux) et des autres instances internationales.

10 - Rédiger un rapport annuel à l'attention du gouvernement et de la représentation nationale rendant compte des avancées concernant les objectifs définis *supra*. On pourrait aussi y trouver des recommandations de toutes natures, susceptibles d'améliorer le fonctionnement de la Justice pénale.

Les orientations stratégiques d'un tel observatoire devraient être définies par un conseil (une quinzaine de membres ?) dont la composition en assurerait l'indépendance. La place réservée à la communauté scientifique devrait être significative (1/3 des membres ?) afin de pouvoir assurer la qualité des productions de l'observatoire (représentants du CNRS et de la Conférence des présidents d'universités, mais aussi experts des différentes disciplines concernées nommés à titre personnel, français et étrangers).

8

Les fameux taux dits de « récidive »

Quelques éléments de référence

Décembre 2007 [1]

Si l'étude de la récidive ne doit évidemment pas se limiter à une approche quantitative, les débats récents autour des lois du 13 décembre 2005 « relative au traitement de la récidive des infractions pénales » et du 10 août 2007 « renforçant la lutte contre la récidive des majeurs et des mineurs » ont montré toute l'importance des fameux « taux de récidive » [2]. Deux grandes enquêtes récentes, reposant sur l'observation suivie, permettent d'avoir un panorama assez complet des risques de « récidive » tant chez des condamnés sortants de prison que chez des condamnés à des peines alternatives à la détention (sursis simple ou avec mise à l'épreuve, travail d'intérêt général).

Dans le débat public, les taux de récidive, mobilisés pour défendre telle ou telle proposition ou réfutation, sont évidemment objets de comparaisons en tous genres. Mais l'exercice exigerait un minimum de rigueur méthodologique assez facile à formuler, du moins en théorie : a) bien saisir la méthode de calcul de ces taux ; b) s'assurer que les taux portent sur des populations comparables sur le plan sociodémographique (sexe, âge, nationalité, situation familiale et socio-professionnelle) et sur le plan pénal (infraction(s) initiale(s), sanction(s) initiale(s), passé judiciaire…) ; c) disposer d'un même critère de récidive (fondé sur la nature de la nouvelle

---

1. Référence : Tournier P.V., « Enquêtes sur la récidive », *In Délinquance et récidive : les réponses pénales*, Regards sur l'actualité, n°336, La Documentation française, décembre 2007, 17-25.

2. Tournier P.V., *Impact de la loi Dati renforçant la lutte contre la récidive des majeurs et des mineurs. Quelques pièces versées au dossier*, Université Paris 1. Panthéon Sorbonne, 2007, 41 p.

infraction et/ou sur la nouvelle sanction...) ; d) enfin, avoir une même période d'observation, pour savoir s'il y a ou pas « récidive ».

1. Analyse rétrospective *versus* observation suivie

Depuis quelques années, la sous-direction de la statistique du Ministère de la Justice produit, à partir du seul casier judiciaire, des données présentées sous le nom de « taux de récidivistes », voire de « taux de récidive » [3]. Ces taux ne mesurent pas directement un risque de récidive : ils établissent quelle est, parmi les condamnés d'une année, la proportion de condamnés avec antécédents, dans les cinq ans qui précèdent la condamnation de référence. Avec ces chiffres rétrospectifs, on peut, pour l'essentiel, étudier la façon dont les juridictions de jugement tiennent compte, dans le choix de la nature de la peine et de son quantum, du poids du passé judiciaire.

Dans les enquêtes d'observation suivie que nous avons réalisées en coopération avec l'Administration pénitentiaire, en matière de récidive, depuis la fin des années 1970 [4], la perspective est toute autre. Prenons l'exemple des condamnés à une peine d'emprisonnement avec sursis et mise à l'épreuve (SME). Nous partons d'un échantillon de personnes condamnées en 1996 au SME et nous examinons ce qu'elles deviennent, sur le plan judiciaire, dans les 6 ans qui vont suivre cette condamnation. Vont-elles être de nouveau sanctionnées pour une nouvelle affaire, de quelle gravité, etc. ?

Cette démarche dynamique, tournée vers le future, est la seule qui permette d'évaluer des « risques », d'en étudier les variations selon les caractéristiques pénales et socio-démographiques des individus, de prendre en compte le choix de la peine et d'en mesurer les conséquences (et pas seulement les « causes ») et surtout d'étudier l'influence des conditions d'exécution des peines en milieu fermé comme en milieu ouvert.

---

3. Ministère de la Justice, *Le taux de récidivistes chez les condamnés pour crime ou délit en 2004,* direction de l'administration générale et de l'équipement, sous-direction de la statistique, des études et de la documentation, février 2006, 6 p.

4. Tournier Pierre V., « La mesure de la récidive en France », *Regards sur l'actualité,* n° 229, La Documentation française, 1997, n°229, 15-23.

2. Deux grandes enquêtes

Une enquête nationale [5]

La population étudiée est constituée des détenus condamnés, libérés entre le 1er mai 1996 et le 30 avril 1997 pour l'un des motifs suivants : peine couverte par la détention provisoire, fin de peine (y compris grâce, amnistie), libération conditionnelle, paiement de la contrainte par corps ou contrainte subie, reconduite à la frontière. Pour fixer les idées, le nombre total de libérations de cette nature a été d'environ 59 000, au cours de 1996 et de 56 000 pour 1997 (métropole). En réalité, seuls 2 859 dossiers ont été analysés – soit 5 % des dossiers d'une année –, 17 sous-cohortes par infraction étant constituées à partir du fichier national des détenus (FND). Les taux de sondage varient en fonction de l'infraction de 1/30 à 1/5. Les infractions choisies, du fait de leur fréquence, rassemblent environ 85 % de tous les condamnés libérés. Pour l'étude de la « récidive », nous avons examiné les casiers judiciaires de l'échantillon au 1er juin 2002. Le délai d'observation est donc d'environ 5 ans. Après examen des casiers, 2 408 dossiers se sont avérés exploitables.

Une enquête dans le département du Nord [6]

La population étudiée comprend deux composantes bien distinctes : A. des personnes condamnées à une peine privative de liberté (ferme) que l'on va suivre à partir de la date de leur libération. B. des personnes condamnées à certaines peines non carcérales que l'on suit à partir de la date de leur condamnation. Les personnes de la catégorie A ont été libérées en 1996 de la maison d'arrêt de Loos et du centre de détention de Loos (Département du Nord). La catégorie B est constituée de personnes ayant fait l'objet d'une condamnation prononcée, en 1996, sur le mode contradictoire, par les tribunaux correctionnels de Lille, Douai et Dunkerque. Le devenir de ces personnes a été examiné jusqu'en juillet 2002, soit sur une période moyenne d'environ 6 ans.

---

5. Kensey A., Tournier P.V., *Prisonniers du passé ? Cohorte des personnes condamnées, libérées en 1996-1997 : examen de leur casier judiciaire 5 ans après la levée d'écrou (échantillon national aléatoire stratifié selon l'infraction)*, Travaux & Documents, n°68, Paris, direction de l'administration pénitentiaire, 2005, livret de 63 p. + CD ROM.

6. Kensey A., Lombard F., Tournier P.V., Coll. Mary F.L., *Sanctions alternatives à l'emprisonnement et « récidive ». Observation suivie, sur 5 ans, de détenus condamnés en matière correctionnelle libérés, et de condamnés à des sanctions non carcérales (département du Nord)*, Travaux & Documents, n° 70, direction de l'administration pénitentiaire, 2006, livret de 113 p. + CD ROM.

Pour faire partie de l'une des populations étudiées, les personnes doivent avoir été condamnées pour au moins un des types d'infractions suivants : infraction à la législation sur les stupéfiants, vol ou recel simple, vol ou recel aggravé, vol avec violence, conduite en état alcoolique, coups et blessures volontaires, agression sexuelle. L'enquête a porté sur 5 234 dossiers.

3. Questions de temps et critères de récidive emboîtés

Le point de départ de l'observation suivie (t_o) est donc soit la date de la libération, soit la date de la condamnation à une sanction alternative à la détention. Pour qu'il y ait « récidive », de nouveaux faits doivent avoir été sanctionnés par une condamnation, inscrite au casier judiciaire, au cours de la période d'observation (5 ou 6 ans dans les deux enquêtes citées *supra*). Les faits sanctionnés doivent être postérieurs à la date t_o. Mais la date des faits n'existe pas toujours, les faits pour lesquels la personne est de nouveau condamnée pouvant s'étaler dans le temps, d'où, la notion *d'intervalle des faits* : c'est l'intervalle minimal qui inclut toutes les dates de faits pour une condamnation donnée. Soit [t_1 , t_2] l'intervalle des faits, t_1 est la *borne inférieure de l'intervalle des faits*, t_2 est la *borne supérieure de l'intervalle des faits*. Pour que la condamnation puisse être retenue, il faut que la borne inférieure de l'intervalle des faits soit postérieure à la date t_o.

t_o t_1 faits t_2 Nlle cond t_3 t_o + 5 ou 6 ans

|____________|__________|__________________|____________|

Dans les deux enquêtes, nous avons utilisé cinq critères emboîtés de récidive qui ne relèvent pas de la récidive légale (voir encadré).

Niveau 5. Pour chaque condamné libéré ou chaque condamné à une sanction alternative, nous examinons son casier judiciaire, 5 ou 6 ans après la date t_o, à la recherche d'au moins une condamnation prononcée pour des faits postérieurs à cette date et sanctionnés par une peine de détention ou de réclusion criminelle. Ainsi la sélection se fait selon trois critères : date de la condamnation, date des faits et nature de la sanction. Il reste, alors, à comptabiliser les dossiers comportant au moins une condamnation répondant à ces critères et à diviser par le nombre de sortants, pour obtenir le taux de nouvelles affaires de niveau 5.

Niveau 4. Nous recherchons maintenant s'il existe, dans le casier judiciaire, au moins une peine d'emprisonnement ferme (ou mixte) ou de détention / réclusion criminelle (le ou n'étant évidemment pas exclusif).

Aux peines de détention / réclusion criminelle (niveau 5), nous ajoutons donc les peines d'emprisonnement ferme pour définir ce niveau 4. Le critère s'élargit (processus cumulatif) et naturellement le taux de nouvelles affaires de niveau 4 sera mécaniquement plus élevé que le précédent. On parlera aussi de *taux de retour* sous écrou (ou retour en prison) même s'il s'agit là, en toute rigueur d'un abus de langage, et ce pour deux raisons. Tel ou tel peut être de nouveau écroué, sans pour autant être de nouveau condamné par la suite à une peine privative de liberté ferme. A l'inverse, un prévenu libre peut être condamné à une peine privative de liberté ferme, laissé libre à l'audience sans que sa peine soit exécutée par la suite, pour telle ou telle raison.

Niveau 3. Nous ajoutons aux peines fermes privatives de liberté, les peines alternatives qui s'accompagnent d'une « supervision » (assistance et contrôle) : sursis avec mise à l'épreuve (SME) ou sursis avec mise à l'épreuve accompagné d'un travail d'intérêt général (SME-TIG) ou travail d'intérêt général, peine principale (TIG-PP).

Niveau 2. Nous ajoutons les condamnations au sursis simple.

Enfin, pour le niveau 1. Nous retenons toutes les condamnations postérieures à la date t_0 : dispense de peine, confiscation, annulation, interdiction, jour-amende, amende, sursis simple, SME, SME-TIG, TIG-PP, emprisonnement ferme, détention, réclusion criminelle. Nous pouvons alors calculer un *taux de recondamnation.*

4. Quelques résultats

Dans l'enquête nationale sur les condamnés sortant de prison, les taux de nouvelles affaires varient de 0 % à 75 %, dans les 5 ans qui suivent la libération, selon le critère de récidive choisi et selon la nature de l'infraction initiale. Globalement, 52 % des condamnés sortant de prison ont une nouvelle affaire (toutes sanctions confondues et quelle que soit la nature de la nouvelle infraction). Si on se limite aux nouvelles infractions sanctionnées par une peine ferme privative de liberté, le taux est de 41 % (taux de retour en prison). Enfin, moins de 0,5 % des sortants ont commis des faits sanctionnés par une peine de réclusion criminelle (Tableau 1.)

Tableau 1. Enquête nationale – Taux de nouvelles affaires (sanctionnées) dans les 5 ans qui suivent la libération selon l'infraction pour laquelle le détenu a été libéré en 1996 / 1997.

	niveau 1	niveau 2	niveau 3	niveau 4	niveau 5
TAUX GLOBAUX DE NOUVELLES AFFAIRES	52 %	47 %	46 %	41 %	0 %
Atteintes volontaires contre les personnes					
Homicide volontaire	28 %	21 %	19 %	13 %	0 %
Violence volontaire, outrage à fonctionnaires ou magistrats	70 %	60 %	59 %	49 %	0 %
Violence volontaire sur adultes	61 %	53 %	51 %	44 %	1 %
Agression sexuelle ou autre atteinte sexuelle sur mineur (crime)	30 %	25 %	19 %	11 %	1 %
Agression sexuelle ou autre atteinte sexuelle sur mineur (délit)	23 %	14 %	14 %	11 %	0 %
ILS* sauf cession seule ou usage seul	34 %	28 %	27 %	22 %	1 %
Cession de stupéfiants	56 %	51 %	49 %	43 %	1 %
Vol avec violence (délit)	72 %	66 %	65 %	57 %	0 %
Vols – Recels					
Vol (crime)	57 %	48 %	45 %	32 %	2 %
Vol sans violence (délit)	75 %	71 %	70 %	65 %	1 %
Recel	60 %	55 %	55 %	52 %	0 %
Escroqueries					
Escroquerie, filouterie, abus de confiance (délit)	42 %	34 %	32 %	29 %	0 %
Faux et usage de faux documents administratifs (délit)	26 %	23 %	22 %	22 %	0 %
Circulation routière					
CEI** sans atteinte involontaire contre les personnes	43 %	39 %	38 %	29 %	0 %
Défaut de pièces administratives, conduites de véhicules	61 %	55 %	54 %	44 %	1 %
Ordre public et réglementation					
Infraction à la police des étrangers	30 %	28 %	28 %	28 %	0 %
Usage de stupéfiants seul	59 %	52 %	52 %	50 %	0 %

* Infractions à la législation sur les stupéfiants ** Conduite en état d'ivresse

L'enquête menée dans le département du nord, en matière correctionnelle, montre que, quelle que soit la nature de la sanction, les taux de niveau 5 sont inférieurs à 0,5 %. Du niveau 4 (prison ferme) au niveau 1 (recondamnation), les taux sont plus élevés pour les sortants de prison que pour les condamnés ayant bénéficié d'une sanction non privative de liberté (Tableau 2.).

Tableau 2. Enquête dans le département du Nord : Taux de nouvelles affaires selon la nature de la sanction initiale, dans un délai de 6 ans (après la libération ou après le prononcé de la sanction non privative de liberté)

	Niveau 1	Niveau 2	Niveau 3	Niveau 4	Niveau 5
Sanction privative de liberté (ferme)	72 %	68 %	67 %	61 %	0 %
Sursis avec mise à l'épreuve avec Travail d'intérêt général	59 %	53 %	51 %	41 %	0 %
Travail d'intérêt général, peine principale	58 %	51 %	48 %	34 %	0 %
Sursis avec mise à l'épreuve	52 %	45 %	43 %	32 %	0 %
Sursis simple	39 %	34 %	31 %	19 %	0 %

Concernant les sanctions non privatives de liberté : du niveau 4 (prison ferme) au niveau 1 (recondamnation), les sanctions sans prise en charge (sursis simple) donne des taux inférieurs aux sanctions « appliquées dans la communauté » [7]. Concernant les sanctions appliquées dans la communauté : du niveau 4 (prison ferme) au niveau 1 (recondamnation), on obtient le même classement. Par ordre décroissant des taux, on trouve le sursis avec mise à l'épreuve accompagné d'un travail d'intérêt général, puis le travail d'intérêt général peine principale et enfin le sursis avec mise à l'épreuve sans TIG. La règle est donc simple : plus la sanction est contraignante, plus les taux de nouvelles affaires sont élevées et ce quel que soit le critère de récidive retenu [8]. Il est essentiel de savoir que les choses vont dans ce sens. Mais évitons de tomber dans le piège des interprétations trop rapides. Nous ne sommes pas dans le domaine de l'expérimentation, où les conditions du

7. Au sens du Conseil de l'Europe (mesure non carcérale accompagnée d'un suivi socio-éducatif).

8. A condition de considérer que la peine de travail d'intérêt général est plus contraignante que le sursis avec mise à l'épreuve.

« toutes choses égales par ailleurs » peuvent être approchées. Plus modestement, la méthode des taux comparatifs, encore appelée méthode des structures-types, classique en analyse démographique, peut nous aider à prendre en compte le fait que les personnes des différentes cohortes définies selon la sanction initiale n'ont pas les mêmes caractéristiques et que cela peut avoir de l'influence, sur le choix de la peine par les tribunaux, sur leur devenir en matière de comportements délictueux, voire sur la réaction de la justice pénale à ces nouvelles infractions.

Donnons ici l'exemple le plus marquant, celui du calcul de taux comparatifs de nouvelles affaires en raisonnant à structure selon la nature de l'infraction initiale et le passé judiciaire constante. La méthode consiste à recalculer les taux de nouvelles affaires (aux différents niveaux) pour chaque sous-cohorte de condamnés à telle ou telle peine alternative, en appliquant à cette population la structure des sortants de prison, par nature de l'infraction initiale et passé judiciaire (distinction avec ou sans condamnation antérieure).

Le poids des « sans condamnation antérieure » varie considérablement selon la nature de la sanction. Plus la sanction est sévère, plus cette proportion est faible : 86 % sont sans condamnation antérieure parmi les condamnés au « sursis simple », 50 % pour les sursis avec mise à l'épreuve ou les peines de travail d'intérêt général peine principale, 35 % pour les sursis avec mise à l'épreuve avec travail d'intérêt général et 29 % pour les sortants de prison [9].

Ces différences de structure selon le passé judiciaire vont influer sur les taux de nouvelles affaires. Elles peuvent, en partie, expliquer la faiblesse des taux observés pour les condamnés aux peines non carcérales par rapport aux sortants de prison et tout particulièrement la faiblesse des taux pour le sursis simple. Quelle que soit la nature de l'infraction initiale et quelle que soit la nature de la sanction initiale, pour les nouvelles affaires de niveau 4, comme de niveau 1, les taux sont plus élevés pour ceux qui ont déjà été condamnés. D'où l'intérêt de calculer des taux comparatifs qui permettront de synthétiser ces données.

En comparaison du taux de condamnation à l'emprisonnement ferme, dans les 5 ans des sortants de prison (61 %), on trouve un taux comparatif de 52 % pour le SME, 43-44 % pour le SME-TIG ou le TIG peine principale et 36 % pour le sursis simple. La règle précédente est donc quelque peu malmenée : les écarts se resserrent, la comparaison reste en défaveur de la prison et à l'avantage du sursis simple, suivi de près par le TIG (avec ou sans

9. A noter que cette proportion varie aussi, dans une même cohorte définie par la nature de la sanction initiale, selon la nature de l'infraction initiale.

SME). Pour ce qui concerne les taux de recondamnation (niveau 1), les modifications sont encore plus nettes : Le TIG se retrouve avec le même taux de recondamnation que les sortants de prison (72 %) [10], suivi de près par le SME (68 %) et le SME-TIG (65 %), et le sursis simple n'est pas très loin (62 %).

Les écarts entre *taux comparatifs* sont donc nettement plus faibles que les écarts entre taux observés mais la comparaison reste en défaveur de la prison. Encore faudrait-il prendre en compte les conditions concrètes d'application des peines, en milieu fermé comme en milieu ouvert, afin de mettre en évidence les facteurs susceptibles de faire baisser les taux de récidive (voir encadré). Au premier examen, les effets des alternatives à la détention sont déjà loin d'être négatifs, malgré la faiblesse des moyens matériels et en personnels dont disposent les Services pénitentiaires d'insertion et de probation.

La récidive légale [11]

Avant la loi du 12 décembre 2005 relative au traitement de la récidive des infractions pénales qui introduit la notion de *réitération*, le droit français ne régissait que le *concours d'infractions* et la *récidive légale* [12]. La première de ces notions suppose la commission successive de deux infractions sans que, au moment où la seconde est jugée, la première ait fait l'objet d'une décision définitive. Faute pour le prévenu d'avoir encore reçu un avertissement solennel, il ne doit pas subir de sanctions alourdies et, au contraire, le droit positif s'efforce de limiter l'addition des réponses pénales.

La *récidive légale* repose sur un certain nombre de conditions juridiques complexes. La seule répétition n'est pas suffisante : la récidive légale suppose une première infraction sanctionnée par une condamnation définitive ainsi qu'une seconde infraction, distincte matériellement de la première, et jugée en second lieu. La loi exige que ces deux infractions soient de même nature ou « assimilées ». Par exemple, « Les délits de violences volontaires aux personnes ainsi que tout délit commis avec la circonstance aggravante de violences sont considérés, au regard de la récidive, comme une même infraction » (art. 132-15-4 du code pénal

10. Encore faut-il tenir compte du fait que l'échantillon étudié pour le TIG peine principale (peu prononcé dans le Nord) comprend un nombre de dossiers nettement plus faible que pour les autres sanctions (problème de fiabilité).

11. Extrait de : Tournier P. V., *Dictionnaire de démographie pénale. Des outils pour arpenter le champ pénal*, L'Harmattan, Coll. Criminologie, décembre 2010, 211 p.

12. Herzog-Evans M., « Récidive : quelles réponses judiciaires ? », *Actualité juridique. Pénal*, 9, Dalloz, 2005, 305-314.

introduit par la loi du 12 décembre 2005). Par ailleurs, la seconde infraction doit être commise dans un délai de 10 ans, 5 ans, 3 ans ou 1 an selon les cas (récidive temporaire). On parle de *récidive perpétuelle* si la 1ère infraction est un crime ou un délit puni de dix ans d'emprisonnement et si la 2ème infraction est un crime.

Enfin, « Il y a *réitération d'infractions pénales* lorsqu'une personne a déjà été condamnée définitivement pour un crime ou un délit et commet une nouvelle infraction qui ne répond pas aux conditions de la récidive légale. Les peines prononcées pour l'infraction commise en réitération se cumulent sans limitation de quantum et sans possibilité de confusion avec les peines définitivement prononcées lors de la condamnation précédente » (art. 132-16-7 du code pénal).

Réinsertion et récidive. Le poids des mots [13]

L'article 1 de la loi du 22 juin 1987 *relative au service publique pénitentiaire* est ainsi libellé : « Le service public pénitentiaire participe à l'exécution des décisions et sentences pénales et au maintien de la sécurité publique. Il favorise la réinsertion sociale des personnes qui lui sont confiées par l'autorité judiciaire ».

La nouvelle version de l'article 729 du code de procédure pénale issue de la loi du 15 juin 2000 *renforçant la protection de la présomption d'innocence et les droits des victimes* permet de préciser ce que l'on peut attendre du condamné en matière de « réinsertion » : « Les condamnés ayant à subir une ou plusieurs peines privatives de liberté peuvent bénéficier d'une libération conditionnelle (LC) s'ils manifestent des efforts sérieux de réadaptation sociale, notamment lorsqu'ils justifient soit de l'exercice d'une activité professionnelle, soit de l'assiduité à un enseignement ou à une formation professionnelle ou encore d'un stage ou d'un emploi temporaire en vue de leur insertion sociale, soit de leur participation essentielle à la vie de famille, soit de la nécessité de subir un traitement, soit de leurs efforts en vue d'indemniser leurs victimes ».

Dans sa recommandation du 24 septembre 2003, le comité des Ministres du Conseil de l'Europe reconnaît « que la LC est une des mesures les plus efficaces et les plus constructives pour prévenir la récidive et pour favoriser la réinsertion sociale des détenus dans la société, selon un processus programmé, assisté et contrôlé ». Il considère « que son usage devrait être adapté aux situations individuelles et conforme aux principes de justice et d'équité », « que le coût financier de la détention pèse lourdement sur la

13. Tournier P.V., Dictionnaire de démographie pénale, op. cit.

société et que les études montrent que la détention a souvent des conséquences néfastes et n'assure pas la réinsertion des détenus » et enfin « qu'il est donc souhaitable de réduire autant que possible la durée de la détention et que la LC, qui intervient avant que la totalité de la peine n'ait été purgée, peut contribuer, dans une large mesure, à atteindre cet objectif ».

La question des critères d'octroi de la LC est naturellement abordée, et ce de façon très pragmatique :

- « Les critères [...] devraient être clairs et explicites. Ils devraient également être réalistes en ce sens qu'ils devraient tenir compte de la personnalité des détenus, de leur situation socio-économique et de l'existence de programmes de réinsertion.

- « L'absence de possibilité d'emploi au moment de la libération ne devrait pas constituer un motif de refus ou de report de la LC. Des efforts devraient être déployés pour trouver d'autres formes d'activité. Le fait de ne pas disposer d'un logement permanent ne devrait pas non plus constituer un motif de refus ou de report de la LC. Il conviendrait plutôt de trouver une solution provisoire d'hébergement».

- « Les critères d'octroi devraient être appliqués de telle sorte que celle-ci puisse être accordée à tous les détenus dont on considère qu'ils remplissent le niveau minimal de garanties pour devenir des citoyens respectueux des lois. Il devrait incomber aux autorités de démontrer qu'un détenu n'a pas rempli les critères ».

Les choses sont dites encore plus simplement dans la recommandation adoptée le 11 janvier 2006 sur les nouvelles règles pénitentiaires européennes : « Au-delà des règles applicables à l'ensemble des détenus, le régime des détenus condamnés doit être conçu pour leur permettre de mener une vie responsable et exempte de crime » (règle 102.1.). Pouvoir mener une vie responsable, après la libération, et exempte de crime (au sens large d'infraction pénale).

II

L'OND S'ÉMANCIPE DE L'INTÉRIEUR ET DEVIENT ONDRP

2008 - 2012

Chronologie

2008

25 février 2008 – Loi relative à la rétention de sûreté et à la déclaration d'irresponsabilité pénale pour cause de trouble mental.

29 février 2008 – Relevé de conclusions de Pierre V. Tournier dans lequel il exprime un certain nombre de désaccords importants avec les orientations préconisées par la mission « Bauer » sur la formation et la recherche stratégiques. Ce texte sera publié en annexe du rapport remis au président de la République.

20 mars 2008 – Remise du rapport de la mission au président de la République : « Déceler, étudier, former : une voie nouvelle pour la recherche stratégique. Rapprocher et mobiliser les institutions publiques chargées de penser la sécurité » [1]. Lors de la conférence de presse qui se tiendra, à l'Elysée, Pierre V. Tournier exprimera, en détail, l'ensemble de ses désaccords.

31 juillet 2008 – « Vers un Observatoire national de la délinquance et des réponses pénales (ONDRP) », article de Pierre V. Tournier qui paraîtra dans *La criminalité en France. Rapport de l'Observatoire national de la délinquance 2008,* Institut national des hautes études de sécurité (INHES), CNRS Editions, 2008, 665-672.

20 octobre 2008 – Organisation, à la Cité Saint-Martin (Paris 4ème), d'un 2ème débat public par Pierre V. Tournier sur « L'Observatoire national de la délinquance (OND) en débat : 5 ans après, quelles perspectives **? ».** Sous le haut patronage de Mme Michèle Alliot-Marie, Ministre de l'Intérieur. Intervenants : Bruno Domingo, Eric Debarbieux, Claire Thieffry, Michaël Janas (excusé), François Courtine, Christophe Soullez, Brigitte Raynaud,

1. Rapport au Président de la République et au Premier ministre, *Cahiers de la Sécurité*, supplément au n°4, avril - juin 2008, 165 p.

Jean Danet, Alain Bauer, Myriam de Crouy-Chanel, Pierre V. Tournier et Julien Damon.

2009

28 septembre 2009 – Marie-Christine Hodeau, assistante maternelle de 42 ans est kidnappée alors qu'elle fait son jogging. Son corps sera retrouvé dans une zone boisée près de Boissy-aux-Cailles (Seine-et-Marne). Son agresseur, Manuel Alves Ribeiro da Cruz, 47 ans, gardien d'une propriété dans le Loiret avait déjà été condamné à onze ans de réclusion pour le viol d'une petite voisine de 13 ans en 2000. Ce drame relancera le débat sur la récidive des auteurs de violences sexuelles. L'auteur sera condamné, en novembre 2011, à la réclusion criminelle à perpétuité assortie de vingt-deux ans de sûreté pour l'enlèvement, la séquestration, le viol et l'assassinat de Mme Hodeau.

28 octobre 2009 – Décret n° 2009-1321 relatif à l'Institut national des hautes études de la sécurité et de la justice (INHESJ).

24 novembre 2009 – Loi pénitentiaire.

2010

1er janvier 2010 – L'Observatoire national de la délinquance (OND) devient l'Observatoire national de la délinquance et des réponses pénales (ONDRP), département de l'Institut national des hautes études de la sécurité et de la justice (INHESJ) [2]. Créé par un décret du 28 octobre 2009, l'INHESJ est un établissement public national à caractère administratif placé sous la tutelle du Premier Ministre. Le siège de l'établissement est fixé à l'École militaire à Paris. L'ONDRP est, désormais, indépendant du ministère de l'Intérieur.

10 mars 2010 – La loi tendant à amoindrir le risque de récidive criminelle et portant diverses dispositions de procédure pénale complète la loi du 25 février 2008 relative à la rétention de sûreté.

---

2. Tournier P.V., « Vers un observatoire national de la délinquance et des réponses pénales », *in* Bauer A. (dir.), *La criminalité en France. Rapport de l'Observatoire national de la délinquance 2008,* Institut national des hautes études de sécurité (INHES), CNRS Editions, 2008, 665-672.

2011

19 janvier 2011 – Disparition de Laëtitia Perrais, 18 ans, près de Pornic (Loire-Atlantique). Son corps démembré sera retrouvé dans un plan d'eau. La personne suspectée, Tony Meilhon, avait un lourd passé judiciaire. Au moment des faits, il était censé faire l'objet d'une mise à l'épreuve avec obligation de soins. Il sera condamné, en juin 2013, à la réclusion à perpétuité avec vingt-deux ans de sûreté. Il fera appel de cette décision.

3 février 2011 – Affaire dite de Pornic. Nicolas Sarkozy évoque des « dysfonctionnements graves » des services de police et de justice et promet des sanctions contre les possibles manquements. Mobilisation sans précédent des professionnels du monde de la justice dans les jours qui suivent.

10 août 2011 – La loi sur la participation des citoyens au fonctionnement de la justice pénale et le jugement des mineurs crée le tribunal correctionnel des mineurs, pour les enfants de 16 ans poursuivis pour des délits commis en récidive. Le texte prévoit que des personnes tirées au sort sur les listes électorales feront partie de la composition de plusieurs juridictions pénales en tant que citoyens assesseurs.

16 novembre 2011 – Mathieu, 17 ans, est mis en examen pour assassinat et viol sur la personne d'Agnès Marin, 13 ans, élève du collège-lycée Cévenol. Il sera condamné, en septembre 2013, à la réclusion criminelle à perpétuité et fera appel.

21 novembre 2011 – Publication du texte de Pierre V. Tournier, « Pour en finir avec la primauté de l'emprisonnement. Mettre au centre de l'échelle des sanctions la contrainte pénale communautaire », dans son hebdomadaire électronique *Arpenter le champ pénal*, n° 250. Ce texte en 12 points sera repris dans l'appel dit du 1er juin 2012, à l'attention du gouvernement et du Parlement et signé par plus de 150 personnes morales et personnalités dont Dominique Raimbourg, avocat, député socialiste, vice-président de la Commission des lois de l'Assemblée nationale et plusieurs sénateurs.

2012

6 février 2012 – Lettre ouverte de Pierre V. Tournier, au prochain Premier Ministre : « Pour la création d'un Secrétariat d'Etat à l'exécution des mesures et sanctions pénales auprès du Garde des Sceaux.

7 février 2012 – DES Maintenant en Europe organise, au Sénat, un débat sur « L'Observatoire national de la délinquance et des réponses pénales (ONDRP) : Bilan et perspectives », débat placé sous la présidence de Jean-Pierre Sueur, interventions d'Alain Bauer, Alain Blanc, Hélène Franco,

Fabien Jobard, Gérard Moreau, René Padieu, Christophe Soullez, Pierre V. Tournier, Jean-Jacques Urvoas, André-Michel Ventre.

27 mars 2012 – Loi de programmation relative à l'exécution des peines. Elle est organisée autour de trois thèmes principaux : la lutte contre la récidive, l'évaluation de la dangerosité des criminels et l'augmentation du nombre de places de prison. Le texte fixe des objectifs pour l'horizon 2017.

1er juin 2012 – Appel lancé, à l'attention du Gouvernement et du Parlement, « Pour en finir avec la primauté de l'emprisonnement : mettre au centre de l'échelle des peines « la contrainte pénale communautaire (CPC) ». L'appel reprend, pour l'essentiel, le texte de Pierre V. Tournier, publié, le 21 novembre 2011, dans son hebdomadaire électronique *Arpenter le champ pénal*, n° 250. *Libération* refuse de publier l'appel. Il sera mis en ligne sur le site de *Plus Nouvel Obs.com*. Un résumé de l'appel est publié dans le *Nouvel Observateur*.

12 juin 2012 – Mis en ligne par *Libération* du Manifeste du 19 mai 2012, « Pour une peine juste et efficace » et texte « Pour une politique pénale efficace, innovante et respectueuse des droits », élaborés par un groupe de réflexion dit « de Créteil », coordonné par Jean-Claude Bouvier et Valérie Sagant, magistrats, composé de Pascale Bruston, Lara Danguy des Déserts, Ludovic Fossey et Benoist Hurel, magistrats, Charlotte Cloarec, secrétaire nationale du Syndicat national de l'ensemble des personnels pénitentiaires (SNEPAP-FSU), Marie Cretenot et Sarah Dindo permanents de l'Observatoire international des prisons (OIP). Ces textes reprennent l'idée d'une nouvelle peine de probation autonome. Notons que Valérie Sagant et Pascale Bruston, magistrats, sont entrées au cabinet de Christiane Taubira – elles le quitteront quelques mois plus tard pour « raisons personnelles – ; Jean-Claude Bouvier et Sarah Dindo seront ultérieurement nommés dans le comité d'organisation de la conférence de consensus sur la prévention de la récidive. Lara Danguy des Déserts et Benoist Hurel entreront à leur tour, au cabinet de Christiane Taubira, à la fin de l'été 2014.

4 juillet 2012 – Jean-René Lecerf (UMP) et Nicole Borvo Cohen-Seat (communiste) déposent un rapport d'information sur l'application de la loi pénitentiaire du 24 novembre 2009.

18 juillet 2012 – La commission des Lois de l'Assemblée nationale annonce la création de deux missions d'information : l'une concerne « les moyens de lutte contre la surpopulation carcérale », Dominique Raimbourg, vice-président de la Commission des Lois en est le président et rapporteur, Sébastien Huygue (UMP) le vice-président et co-rapporteur, l'autre mission concerne « la mesure statistique des délinquances et de leurs conséquences », Jean-Yves Le Bouillonnec (socialiste), vice-président de la Commission des Lois de l'Assemblée nationale, en est le président et rapporteur, Didier Quentin (UMP), le vice-président et co-rapporteur et Jean-Pierre Blazy (socialiste), le vice-président.

21 août 2012 – *Le Monde* titre : « Probation : la méthode Taubira pour vider les prisons ; un débat est annoncé à l'automne autour des moyens pour limiter la récidive des délinquants ». [...] La prochaine polémique risque néanmoins de s'appeler la probation ou « contrainte pénale communautaire ».

18 septembre 2012 – Christiane Taubira procède à l'installation officielle du comité d'organisation de la conférence de consensus sur la prévention de la récidive, placé sous la présidence de Nicole Maestracci, Première présidente de la cour d'Appel de Rouen.

19 septembre 2012 – Circulaire de politique pénale de la Garde des Sceaux.

4-7 octobre 2012 – Norman Bishop est invité à Paris par DES Maintenant en Europe pour soutenir la campagne en faveur de la contrainte pénale appliquée dans la communauté. Rencontre avec des responsables associatifs, syndicaux et des chercheurs (4/10), conférence de presse (5/10), dîner débat avec la FARAPEJ (5/10), rencontre au Sénat avec le président de la Commission des Lois et la Garde des Sceaux (6/10) et rencontre avec Nicole Maestracci (7/10).

6 octobre 2012 – Colloque organisé, au Sénat, par DES Maintenant en Europe « Pour en finir avec la primauté de l'emprisonnement en matière correctionnelle : La contrainte pénale communautaire (CPC) », sous la présidence de Jean-Pierre Sueur, président de la Commission des Lois du Sénat, avec la participation de Christiane Taubira, Garde des Sceaux, Norman Bishop, expert scientifique auprès du Conseil de l'Europe (Suède) [3], Aline Archimbaud, sénatrice (groupe écologique), Nicole Borvo Cohen-Seat, sénatrice (groupe communiste, républicain et citoyen), Jean-René Lecerf, sénateur (Groupe UMP), Dominique Raimbourg, vice-président de la Commission des Lois de l'Assemblée nationale, Alain Cugno, philosophe [4], Charlotte Cloarec, secrétaire générale du Syndicat national de l'ensemble des personnels pénitentiaires (SNEPAP-FSU), Alexis Saurin, président de la FARAPEJ, et Pierre V. Tournier, président de DES Maintenant en Europe.

---

3. Bishop N., « Le concept de sanctions et mesures appliquées dans la communauté », communication au colloque du 6 octobre 2012 au Sénat, sur la contrainte pénale communautaire, organisé par DES Maintenant en Europe, *Arpenter le Champ pénal*, n° 291, 15 oct. 2012.

4. Cugno A., « La recommandation du Conseil de l'Europe REC(2010)1 sur la probation », communication au colloque du 6 octobre 2012 au Sénat, sur la contrainte pénale communautaire, organisé par DES Maintenant en Europe, *Arpenter le Champ pénal*, n° 291, 15 oct. 2012.

18 décembre 2012 – Le comité chargé de l'organisation de la conférence de consensus sur la prévention de la récidive rend publique la liste des jurés chargés de délibérer à l'issue des journées des 14 et 15 février prochains. Le jury est placé sous la présidence de la Baronne Françoise Tulkens, magistrat belge, ancienne professeur à l'Université catholique de Louvain, ancienne vice-présidente de la Cour européenne des Droits de l'Homme.

9

A propos de la mission « Bauer » sur la formation et la recherche stratégiques (Défense et sécurité)

Mes réserves

29 février 2008 [1]

Les concepts de « stratégie », de « défense globale » ou de « sécurité globale » sont certes bien commodes. Ils intègrent un ensemble de questions constituant une mosaïque d'une grande complexité ; ces questions ont des liens plus ou moins évidents entre elles mais aussi une réelle autonomie. Pour donner une image, cela va de la préparation de la riposte à une attaque nucléaire de grande ampleur, touchant l'hexagone, à la lutte quotidienne contre la violence routière (4 600 morts en 2007, 100 000 blessés). Questions de défense (au sens traditionnel) et préparation de nos forces armées à tous types d'interventions sur des théâtres d'opérations extérieurs, lutte contre le terrorisme international (par exemple islamiste) et contre les terrorismes régionaux (corse, basque,...), lutte contre la criminalité trans-frontière, relations internationales, sécurité intérieure (politiques de prévention et lutte contre les infractions pénales), réponses judiciaires pénales et non pénales aux déviances, aux délits et aux crimes, questions criminologiques, sécurité des entreprises et intelligence économique, sécurité civile et sécurité sanitaire, questions environnementales, catastrophes naturelles et réchauffement climatique ... Peu suspect d'angélisme – attitude irresponsable qu'il convient de dénoncer – je pense que la Nation doit se

---

1. Référence : Tournier P.V., « Relevé de conclusions dans le cadre du rapport Bauer », 29 février 2008, Publié en annexe du rapport *Déceler, étudier, former : une voie nouvelle pour la recherche stratégique. Rapprocher et mobiliser les institutions publiques chargées de penser la sécurité.* Rapport au Président de la République et au Premier ministre, remis le 20 mars 2008, *Cahiers de la Sécurité*, supplément au n°4, avril-juin 2008, 165 p.

préparer aux risques de toutes natures qui menacent nos concitoyens et plus encore la démocratie. Mais chercheur de métier, « condamné » à la spécialisation (mesures de la délinquance et de la criminalité, questions pénales et pénitentiaires), je redoute les approches où tout est dans tout, et réciproquement. Une telle approche n'est pas nécessairement neutre, idéologiquement. Elle peut être révélatrice d'une pensée « catastrophiste », voire « apocalyptique » (Cf. les néo-conservateurs américains) qui consiste à dramatiser l'insécurité, à en faire la question sociale centrale, à utiliser, à tout propos, des métaphores guerrières, pour en arriver à militariser l'ensemble des questions de sécurité.

Le pire n'étant jamais certain, la mission n'est pas tombée dans ce piège, renonçant à proposer la fusion des quatre instances en jeu (IHEDN, CHEAr, INHES, IERSE). Nous souhaitons que cette orientation soit maintenue dans l'avenir. Ajoutons que le refus de cette fusion a été l'option défendue par la plupart des nombreuses personnalités, civiles et militaires, auditionnées par la mission.

Je ne suis pas du tout convaincu que la fusion de l'Institut des hautes études de la défense nationale (IHEDN) et du Centre des hautes études de l'armement (CHEAr) soit un facteur de progrès en matière de formation et de recherche scientifique dans leurs champs respectifs de compétence. Lors des travaux de la mission, je crois bien n'avoir entendu aucune argumentation justifiant une telle option. Leurs missions sont essentielles, bien distinctes et, à entendre les personnalités auditionnées, bien menées.

L'IHEDN, déjà rattaché au Premier Ministre (depuis 1979), comme devraient l'être, à l'avenir, les autres institutions étudiées par la mission, a pour première raison d'être de « donner à des hauts fonctionnaires, des officiers supérieurs des armées, et des cadres de tous les secteurs d'activité de la nation une connaissance approfondie en matière de défense globale » (décret du 5 septembre 1997). Rappelons que ses structures viennent d'être réorganisées (septembre 2006). La vocation première du CHEAr est bien différente : préparer « les cadres à haut potentiel en charge de l'équipement des forces armées et des investissements du ministère, à l'exercice des hautes responsabilités dans un contexte national ou européen ».

Placés sous l'autorité de coordination du futur Conseil supérieur de la formation et de la cherche stratégique, mais conservant leur identité propre, ces deux organismes pourraient construire de meilleures coopérations dans les domaines d'intérêt commun.

En revanche, la fusion de l'Institut national des haute études de sécurité (INHES) et de l'Institut d'études et de recherche pour la sécurité des entreprises (IERSE) – association loi 1901, soutenue par l'Etat –, parait de toute évidence souhaitable. Cela résulte logiquement de la mutation que la création de l'INHES a représentée en 2004 (décret du 27 juillet 2004) en remplacement de l'IHESI. De la « sécurité intérieure », son champ de compétence s'est largement étendu à la « sécurité et à la gestion des risques et des nouvelles menaces » : sécurité civile, intelligence économique, risques sanitaires, environnementaux, etc.). D'une certaine façon, ce champ inclut, en théorie, celui de l'IERSE (formation à la maîtrise des risques et menaces sur les entreprises). Dans le même ordre d'idée, je pense souhaitable que le Haut comité français de la défense civile (HCFDC), association loi 1901 – soutenue par l'Etat et accueillie dans les locaux de l'INHES – et présidée par M. Paul Girod député UMP, fusionne avec l'INHES et l'IERSE. Dans cet esprit, l'INHES nouvelle formule devrait prendre soin de bien équilibrer ses différents secteurs de compétence, ce qui ne semble pas être encore le cas aujourd'hui : a. sécurité intérieure, b. sécurité des entreprises et intelligence économique, c. sécurité civile, d. sécurité sanitaire et environnementale (les frontières n'étant évidemment pas étanches). Par ailleurs, la dimension internationale (et tout particulièrement européenne) doit naturellement être présente au sein de l'INHES comme dans les autres organismes (question transversale).

Proposer d'élargir encore davantage le champ de compétence de l'INHES, en intégrant les questions pénales et criminologiques ne me parait pas souhaitable. Entendons-nous bien : il me parait essentiel que ces questions soient prises en compte dans le cadre général dont la construction est préconisée, et ce en cohérence avec la logique du processus pénal : des faits constatés par les services de police et de gendarmerie à l'exécution des mesures et sanctions pénales et à la lutte contre la récidive, en passant par l'activité des juridictions de jugement. Il n'existe pas, sur ces questions, l'équivalent de l'IHEDN ou de l'INHES. En effet, l'Institut des Hautes études de la Justice (IHEJ), association loi 1901, soutenue par l'Etat, s'intéresse principalement aux questions philosophiques et repose, pour l'essentiel sur la production de son secrétaire général, Antoine Garapon, magistrat, éditorialiste, directeur de collection, etc. Cette situation n'est pas le fait du hasard, mais il serait trop long d'en analyser, ici, la genèse. Je pense qu'il faut réfléchir avec les personnes directement concernées, acteurs de la justice pénale, universitaires et chercheurs du champ criminologique des différentes écoles de pensée, sociétés savantes (Association française de criminologie, Association Tétra, etc.) à la création d'un Institut des hautes études pénales et criminologiques (IHEPC) qui serait ainsi le quatrième pilier aux côtés de l'IHEDN, du CHEar et de l'INHES+IERSE+HCFDC.

L'Observatoire national de la délinquance (OND) est, actuellement, l'un des deux départements de l'INHES. Dans l'architecture proposée, l'OND quitte naturellement le Ministère de l'Intérieur, quitte aussi l'INHES et se trouve placé directement sous la responsabilité du Premier Ministre, via le Conseil supérieur de la formation et de la recherche stratégique. Dans ces conditions, l'OND a vocation à étendre son champ de compétence à l'ensemble du processus pénal et donc aux statistiques des juridictions de jugement et des instances d'exécution des mesures et sanctions pénales (Protection judiciaire de la jeunesse, Administration pénitentiaire, ...), sans oublier l'étude de la récidive. On retrouverait la logique décrite, en son temps, par le rapport « Caresche Pandraud » (janvier 2002) dont nombre de préconisations restent d'actualité. L'observatoire pourrait alors prendre le nom d'Observatoire national de la délinquance et des réponses pénales (ONDRP), étant entendu qu'il y a bien d'autres réponses que des réponses pénales à la délinquance. Fort du travail, de grande qualité, déjà réalisé (Cf. rapport 2007 de l'OND, publié aux éditions du CNRS), l'OND devrait voir ses moyens scientifiques fortement renforcés et ses instances décisionnelles s'ouvrir largement aux « académiques » (universitaires et chercheurs CNRS). Son conseil d'orientation (COR) comprend actuellement 2 académiques seulement sur 17 membres : Frédéric Ocqueteau, sociologue, directeur de recherches au CNRS et spécialiste de la sécurité privée et Eric Debarbieux, professeur des Universités en science de l'éducation et spécialiste de la violence à l'école.

10

Vers un Observatoire national de la délinquance et des réponses pénales (ONDRP)

31 juillet 2008 [1]

En mars 2008, la mission, créée à la demande du Président de la République et présidée par M. Alain Bauer, sur « la formation et la recherche en matière stratégique (défense et sécurité) » remettait son rapport à M. Nicolas Sarkozy [2]. La mission prônait le développement et la mutualisation de l'information sur les questions stratégiques entre privé et public et entre administrations. Elle préconisait une restructuration des quatre instituts suivants : Institut des hautes études de la défense nationale (IHEDN), Centre des hautes études de l'armement (CHEAr), Institut national des hautes études de la sécurité (INHES) et Institut d'études et de recherches pour la sécurité des entreprises (IERSE).

La solution retenue implique la constitution de deux nouvelles entités qui regrouperaient respectivement l'IHEDN et le CHEAr, d'une part, l'INHES et l'IERSE d'autre part, cette dernière entité voyant son champ de compétence étendu aux questions pénales et criminologiques. La mission proposait, également, la création d'un Conseil supérieur de la formation et de

---

1. Référence : Tournier P.V., « Vers un Observatoire national de la délinquance et des réponses pénales (ONDRP), in *La criminalité en France. Rapport de l'Observatoire national de la délinquance 2008,* Institut national des hautes études de sécurité (INHES), CNRS Editions, 2008, 665-672, 31 juillet 2008.

2. Bauer A., et all., 2008, « Déceler, étudier, former : une voie nouvelle pour la recherche stratégique. Rapprocher et mobiliser les institutions publiques chargées de penser la sécurité ». Rapport au Président de la République et au Premier ministre, remis le 20 mars 2008, *Cahiers de la Sécurité*, supplément au n°4, avril-juin 2008, 165 p.

---, *« Déceler, étudier, former : une voie nouvelle pour la recherche stratégique.* Rapport au Président de la République et au Premier ministre, Note de synthèse, mars 2008, 4 p.

la recherche stratégiques (CSFRS) qui fixerait les orientations des deux nouveaux instituts. Il serait fonctionnellement rattaché au Premier ministre et, pour ses « orientations », au Président de la République. Le chef de l'Etat a approuvé l'ensemble de ces orientations, confiant à M. Bauer la responsabilité d'une « mission de préfiguration » chargée de les mettre en œuvre, avec les autorités concernées (ministères de l'Intérieur, de la Défense, des Affaires étrangères, de la Justice, de l'Economie, de la Santé). Les différentes structures devraient être opérationnelles en septembre 2009.

L'Observatoire national de la délinquance (OND) est, naturellement, concerné par cette réforme. Depuis le décret du 27 juillet 2004 créant l'INHES, l'OND est un des trois départements [3] de cet établissement public national à caractère administratif. Placé sous la tutelle du Ministère de l'Intérieur, l'INHES s'était substitué, avec des missions élargies, à l'Institut des hautes études de la sécurité intérieure (IHESI), créé en 1989.

1. Des faits constatés à la mesure de la récidive

Dans la nouvelle architecture, l'INHES et donc l'OND ne dépendront plus du Ministère de l'Intérieur, l'un et l'autre se trouvant placés directement sous la responsabilité du Premier Ministre, via le *Conseil supérieur de la formation et de la recherche stratégique.* Aussi, dans ces conditions, la mission a pensé que l'OND avait vocation à étendre son champ de compétences à l'ensemble du processus pénal. On retrouve ainsi la logique décrite, en son temps, par le rapport « Caresche - Pandraud » (déposé en janvier 2002) [4], à l'origine de la création de l'OND, dont nombre de préconisations restent d'actualité, et ce malgré les progrès indéniables réalisés au cours des 5 dernières années. La lettre de mission, adressée le 23 juillet 2001, par M. Lionel Jospin, premier ministre, aux deux parlementaires précisait les objectifs à atteindre de la façon suivante : « Il s'agit d'abord de disposer à terme d'un outil statistique apte à rendre compte de l'évolution réelle de la délinquance, de l'activité des services d'enquête et des suites données par l'institution judiciaire [souligné par nous]. Cet outil devra permettre une analyse et une représentation des chiffres de la délinquance et des résultats obtenus qui soient communes aux ministères de l'Intérieur, de la Justice et de la Défense. Il contribuera à mesurer l'efficacité et la continuité du traitement pénal, de la constatation à l'exécution de la sanction ».

---

3. Aux côtés du département de la formation, des études et des recherches et du département d'intelligence économique et de gestion de crise.

4. Caresche Ch., Pandraud R., op. cit.

Aujourd'hui, les deux principaux domaines d'observation de l'OND sont « la victimation » et les « crimes et délits constatés par la police et la gendarmerie », même si ce sont ajoutées, au fil du temps, des thématiques plus spécifiques : analyse de l'élucidation des délits et des crimes, violences à l'école, traitement des mains courantes, violences urbaines, atteintes déclarées par certaines professions, etc.

Il s'agira, dans l'avenir, de compléter ce corpus par l'étude des réponses pénales apportées par le système judiciaire, qu'il s'agisse de « mesures » ou de « sanctions » [5]. Le terme de mesure est à prendre dans son sens le plus large et non au sens juridique de « mesure de sûreté » [6]. Il recouvre des décisions qui peuvent être prises à toutes les étapes du processus pénal avant le procès, pendant le procès, comme après : mesures, avant le procès, non restrictives de liberté (ex. : médiation pénale) restrictives de liberté (ex. : contrôle judiciaire) ou privatives de liberté (ex. : détention provisoire), aménagement d'une peine privative de liberté dès le prononcé de la peine ou au moment de sa mise à exécution (ex. : placement sous surveillance électronique fixe), aménagement en cours d'exécution d'une peine (libération conditionnelle). Quant aux sanctions pénales, elles peuvent être de toutes natures : de la réclusion ou détention criminelle à perpétuité à la dispense de peine en passant par les sanctions exécutées, partiellement ou en totalité, en milieu ouvert.

Ainsi l'observatoire couvrira, dans sa nouvelle configuration, l'ensemble du processus pénal, des faits constatés jusqu'à l'exécution des peines et la récidive (au sens large du terme) en passant par le prononcé des décisions des juridictions de jugement. Un certain nombre de thématiques qui devraient être traitées, en priorité, par l'observatoire viennent tout de suite à l'esprit : contrôle judiciaire, détention provisoire et comparution immédiate, choix de la sanction, évaluation de nouvelles sanctions (ex. : les peines planchers), mise à exécution des sanctions, aménagement des peines (en milieu fermé comme en milieu ouvert), et en particulier les différentes modalités du placement sous surveillance électronique, obligations de soins, processus de réinsertion et récidive des infractions pénales…

---

5. Le concept de « mesures et sanctions pénales » (MSP) a été forgé à partir de celui de sanctions et mesures appliquées dans la communauté (SMC), introduit par le Conseil de l'Europe. Dans la terminologie du Conseil de l'Europe, les sanctions et mesures appliquées dans la communauté (SMC) sont des sanctions ou des mesures non carcérales, accompagnées de mesures de « supervision », c'est-à-dire de mesures d'assistance, d'aide et de contrôle (recommandation n°R (92) 16 du Conseil de l'Europe). Aux SMC s'ajoutent donc les mesures et sanctions non carcérales sans supervision (ex : l'amende) et les mesures et sanctions carcérales.

6. Tournier P.V., *Dictionnaire de démographie pénale. Des outils pour arpenter le champ pénal*, op. cit.

Cet élargissement du champ, fondé sur le concept de processus, ne devrait pas se limiter à une juxtaposition de données – souvent non comparables [7] – mais devrait aussi faciliter les interfaces entre fichiers de données « police / gendarmerie » et fichiers de données « Justice », permettant, enfin des analyses longitudinales du fonctionnement de l'ensemble des institutions pénales. Les premiers travaux communs, dont il fait état dans le rapport OND 2007 entre la direction des affaires criminelles et des grâces du Ministère de la justice et l'OND visant à comparer les statistiques de police de celles de la justice en Seine-Saint-Denis sont, à ce sujet, très instructifs.

2. Les moyens d'une ambition

Dans cette perspective, l'observatoire pourrait alors prendre le nom d'Observatoire national de la délinquance et des réponses pénales (ONDRP), étant entendu qu'il y a bien d'autres réponses que des réponses pénales à la délinquance. Fort du travail, de grande qualité, déjà réalisé (Cf. rapport 2007 de l'OND, publié aux éditions du CNRS) [8], l'OND, nouvelle manière, devra voir ses moyens scientifiques et techniques fortement renforcés et ses instances décisionnelles s'ouvrir largement aux représentants du champ « judiciaire » mais aussi aux « académiques » (universitaires et chercheurs CNRS).

Actuellement, son conseil d'orientation (COR) a pour président M. Alain Bauer et pour vice-présidente Mme Marie-Louise Fort, maire de Sens. Il comprend un représentant du Garde des Sceaux (le directeur des affaires criminelles et des grâces) et 2 académiques seulement sur 28 membres : M. Frédéric Ocqueteau, sociologue, directeur de recherches au CNRS et spécialiste de la sécurité privée et M. Eric Debarbieux, professeur des Universités en science de l'éducation et spécialiste de la violence à l'école. Le COR compte 11 représentants de l'Etat, outre le directeur de l'INHES à titre consultatif (Défense nationale, Justice, Intérieur, Finances, Transports Ville, Outer-Mer, Recherche, Education nationale) et 17 personnalités issues de la représentation nationale et locale (5), de l'université (1) et de la recherche (1), ainsi que des secteurs d'activités économiques, sociales et culturelles (10).

Même si la quasi-totalité des 28 membres actuels sont tout aussi concernés, de par leurs compétences et leur domaine d'activité, par les réponses pénales que par l'étude du phénomène criminel, il faudra nécessairement « faire de la place » pour intégrer de nouveaux membres :

7. Caresche, Pandraud, op. cit.

8. Bauer A. (dir.), 2007, *La criminalité en France. Rapport de l'Observatoire national de la délinquance*, 2007, CNRS Editions, 573 p.

des représentants des directions de la Chancellerie concernées au premier chef (Direction des affaires criminelles et des grâces, direction de la protection judiciaire de la jeunesse, direction de l'administration pénitentiaire, direction de l'administration générale et de l'équipement), un représentant du Centre de recherche sociologique sur le droit et les institutions pénales (CESDIP, Ministère de la Justice / CNRS), et des représentants de la recherche (juristes, psychiatres, sociologues et démographes). Pour qu'il puisse fonctionner efficacement, le COR ne peut guère comporter plus de 30 membres titulaires.

Le personnel de l'OND devrait être, évidemment, complété. Aujourd'hui, il est constitué de 8 personnes : 2 contractuels, 1 attaché principal de l'INSEE, 1 attaché de l'INSEE, 1 attaché de police, 1 adjoint administratif, 2 sous-officiers de la gendarmerie nationale et 1 officier de la police nationale. A notre avis, au moins 6 personnes, issues du Ministère de la Justice devraient être intégrées (magistrats, statisticiens, démographes spécialistes du champ pénal, chercheurs en sociologie, spécialistes des institutions pénales, administratifs « justice »).

3. Obstacle ?

On l'a rappelé *supra*, l'observatoire de la délinquance préconisé dans le rapport « Caresche Pandrau », déposé en 2002, devait reposer sur les rapprochements des services de la gendarmerie, de la police et de la justice permettant « d'établir entre eux des passerelles afin de suivre le cheminement qui va de l'action des services répressifs aux réponses judiciaires ». Les divergences de vue traditionnelles, en France, entre la place Beauvau et la place Vendôme [9] aidant, on renonça à cet objectif lors de la création de l'OND, en juillet 2002, à l'initiative de M. Nicolas Sarkozy, alors ministre de l'Intérieur, et ce dans le cadre de la loi d'orientation et de programmation pour la sécurité intérieure (LOPSI). L'OND ayant le grand mérite d'exister, peut-on craindre aujourd'hui quelques résistances de la part du ministère de la justice, à voir les compétences de l'observatoire élargies aux questions plus strictement pénales ?

On pourrait le craindre à la lecture de l'avant-projet de loi pénitentiaire, soumis par Madame la Garde des Sceaux au Conseil d'Etat en juin dernier. On y trouve un article 45 ainsi rédigé : « Il est créé auprès du Garde des Sceaux, ministre de la Justice, un Observatoire national de l'exécution des décisions pénales et de la récidive chargé de collecter et d'analyser les données statistiques relatives à l'exécution des décisions de justice en matière pénale et à la récidive. L'Etat, les collectivités territoriales et leurs

9. Sièges respectifs du ministère de l'Intérieur et du ministère de la Justice.

établissements publics sont tenus de lui communiquer tous éléments utiles pour l'exercice de sa mission, dans le respect des dispositions concernant la protection des données à caractère personnel. Chaque année, cet observatoire adresse au Premier ministre et au Parlement un rapport d'activité qui est rendu public. Un décret en Conseil d'Etat détermine la composition, les missions et les conditions de fonctionnement de cet observatoire. ».

Dans le projet de loi pénitentiaire présenté en Conseil des ministres le 28 juillet, cet article a disparu mais l'exposé des motifs précise : « Le Gouvernement estime en outre indispensable que l'action de l'administration pénitentiaire soit contrôlée et évaluée. A cette fin, trois organes d'évaluation seront créés par voie réglementaire, deux au niveau local [le conseil d'évaluation auprès de chaque établissement pénitentiaire, la commission de suivi des politiques pénitentiaires au niveau de chaque département] et un au niveau national [l'Observatoire national de l'exécution des décisions pénales et de la récidive]. Cet observatoire sera chargé de collecter et d'évaluer les données statistiques relatives à l'exécution des décisions de justice en matière pénale. Il permettra au ministère de la Justice de centraliser l'ensemble des données statistiques relatives à son activité pénale et d'améliorer la lisibilité de cette activité par les citoyens ».

4. Une proposition, *a priori*, bien venue, mais à contretemps

Il fut un temps où nous appelions de nos vœux ce type de structure, au sein du Ministère de la Justice. Dans le cadre du débat qui précéda l'adoption de la loi du 12 décembre 2005 sur le traitement de la récidive des infractions pénales, nous avions proposé la création, dans le cadre de la loi, d'un Observatoire de la récidive (conférence de presse tenue à Paris le 28 juin 2005) [10]. Ses objectifs furent précisés dans différents documents [11] et, en particulier, dans une tribune publiée dans Le Monde, en août, co-signée par un certain nombre de personnalités. Le texte se terminait ainsi : « Dans une société solidaire où le corps social se doit de réagir avec détermination quand l'un des siens est atteint, améliorer la connaissance scientifique sur ces questions est une obligation morale vis-à-vis des victimes des crimes et des délits et de leurs proches. C'est aussi la seule façon de rendre illégitimes les approches démagogiques et stériles qui nient la gravité de ces questions ou, au contraire les dénaturent à travers un discours sécuritaire dont le principal inconvénient, pour les victimes potentielles, est d'être inopérant ».

10. *Le Monde* du 28/6/05, *Libération* du 29/6/05, *La Croix* du 29/6/05, *L'Humanité* du 29/6/05, *Le Parisien -Aujourd'hui en France* du 6/7/05, *L'Humanité* du 7/7/05, *Métro* du 12/7/05, AFP du 14/7/05, *Libération* du 18/7/05.

11. Lettre ouverte du 4 août 2005 à M. Pascal Clément, Garde des Sceaux.

La veille de l'ouverture des débats à l'Assemblée nationale, M. Pascal Clément, Garde des Sceaux, annonça la mise en place, par voie réglementaire, d'une commission d'analyse et de suivi de la récidive, placée sous la présidence de M. Jacques-Henri Robert, professeur de droit à l'Université Paris 2 Assas. La commission qui avait vocation à « déterminer les outils fiables pour mesurer la récidive, à analyser son évolution et à formuler des préconisations pour la combattre [12] n'a produit, à ce jour qu'un seul rapport, déposé le 28 juin 2007 [13], suivi d'aucun effet concret. Il faut dire qu'elle ne disposait d'aucun moyen propre, ni scientifique, ni technique, ni administratif.

Dans une perspective plus large, nous avions fait de nouvelles propositions, à l'automne 2007 devant la Mission d'information sur l'exécution des décisions de justice pénale de l'Assemblée nationale présidée par M. Jean-Luc Warsmann [14]. Nous écrivions alors : « N'est-il pas temps de mettre en place, auprès du Secrétariat général du Ministère de la Justice, un « Observatoire national des mesures et sanctions pénales » (ONMSP), structure légère qui serait l'ensemble complémentaire, naturel, de l'Observatoire national de la délinquance (OND) mis en place, en novembre 2003, au sein du Ministère de l'Intérieur ? Les deux missions « détention provisoire » et « récidive » déjà existantes y seraient naturellement intégrées ».

Nous faisions ainsi allusion à la Commission de suivi de la détention provisoire créée, dans le cadre de la loi du 15 juin 2000 renforçant la protection de la présomption d'innocence et des droits des victimes (article 72). Placée auprès du ministre de la Justice, cette commission, présidée, depuis son origine, par M. Jean-Marie Delarue professeur agrégé, conseiller d'Etat [15], était chargée « de réunir les données juridiques, statistiques et pénitentiaires concernant la détention provisoire, en France et à l'étranger ». « Elle publie, dans un rapport annuel, des données statistiques locales, nationales et internationales concernant l'évolution de la détention provisoire ainsi que la présentation des différentes politiques mises en

---

12. Communiqué de presse de la Chancellerie du 10 octobre 2005 annonçant la création de la commission.

13. Ministère de la Justice, 2007, Rapport établi par la commission d'analyse et de suivi de la récidive, juin 2007, 110 p.

14. Tournier P.V. *Vers un Observatoire national des mesures et sanctions pénales (ONMSP) ?* Note à l'attention de la mission « Warsmann » d'information sur l'exécution des décisions de Justice de l'Assemblée nationale, Université Paris 1 Panthéon Sorbonne, Centre d'histoire sociale du XXème siècle, 2007, 5 p, *Champ pénal / Penal Field, Nouvelle revue française de criminologie, New French Journal of Criminologie, rubrique « vie de la recherche »* http://champpenal.revues.org/document3373.html

15. Nommé, en juin dernier, Contrôleur général des lieux de privation de liberté.

œuvre ». Enfin, « elle établit une synthèse des décisions en matière d'indemnisation de la détention provisoire [16]. Ces travaux furent jugés, par beaucoup, comme de grande qualité.

Au moment où l'OND va se détacher du Ministère de l'Intérieur pour se placer à un niveau « supra ministériel » et élargir son champ à l'ensemble du processus pénal ne serait–il pas paradoxal de créer un observatoire interne à la Chancellerie, qui risquerait de faire double emploi avec la nouvelle structure aux compétences beaucoup plus larges ? Proposition *a priori* bienvenue mais à contretemps et certainement en contradiction avec la Révision générale des politiques publiques (RGPP), lancée, il y a un an, par le Président de la République et qui vise, entres autres choses, à « chasser les doublons ».

5. Des missions consolidées

L'activité de l'OND, depuis sa création, a naturellement fait l'objet de critiques qu'il sera bon d'avoir en tête lors de ce qui va ressembler à une refondation de l'observatoire. Nous ne les reprendrons pas ici [17]. Pour enrichir la réflexion sur ce que nous appellerons la « consolidation des missions » de l'OND élargi, nous avons souhaité rappeler, certains des objectifs que nous avions définis, en son temps, pour un éventuel observatoire des mesures et sanctions pénales. Nous pensons, en effet, qu'un certain nombre d'idées développées alors mériteraient d'être reprises par la nouvelle structure supra-ministérielle.

- Centraliser les données existantes sur le prononcé et la mise à exécution et l'application des mesures et sanctions pénales : données juridiques, données statistiques et analyses des questions soulevées dans le cadre des différentes disciplines concernées (données produites en France, mais aussi dans les autres pays du Conseil de l'Europe, dans les pays d'autres continents).

- Mettre cette information à disposition (site internet) et l'actualiser en permanence.

- Développer des outils pédagogiques permettant de synthétiser les informations les plus importantes pour les rendre lisibles par le plus grand nombre, notes techniques, synthèses, comparaisons entre MSP, comparaisons internationales, etc.

---

16. Commission de suivi de la détention provisoire, 2007, *Rapport 2006*, février 2007, 173 p.

17. Voir par exemple Matelly J.H. et Mouhanna Chr., 2007, *Police. Des chiffres et des doutes*, Michalon, p. 231 et suiv.

- Assurer une fonction de veille concernant les affaires, qui justifient, de par leur gravité et/ou leur médiatisation, une information à chaud, rapide mais objective, de nos concitoyens. Approfondir l'étude de ces cas, au-delà de la période d'intérêt politico-médiatique. Examiner, *a posteriori,* leur traitement médiatique afin d'améliorer les modes de communication des pouvoirs publics et des scientifiques. Un tel travail devrait naturellement associer des professionnels de l'information.

- Aider à la prise en compte de la production de l'observatoire dans la construction des programmes de formation initiale et continue, sur ces questions, dans les écoles d'enseignement supérieur concernées. Il ne pourrait s'agir ici que de propositions et de mises à disposition de ressources dans le respect de la compétence des écoles à déterminer contenus et méthodes d'enseignement.

- Participer à l'élaboration de nouveaux instruments statistiques assurant une production régulière sur ces questions. Là encore, il ne s'agit pas de se substituer aux services compétents, mais d'être un lieu de réflexion, une force de proposition et de mobilisation de moyens.

- Faciliter la coopération avec nos partenaires européens, pour une meilleure connaissance des systèmes juridiques, des pratiques (« bonnes » ou « mauvaises ») et des résultats du traitement des infractions pénales, coopération qui devrait aussi inclure l'appui à la réalisation d'enquêtes statistiques, en parallèle, reposant sur des méthodologies identiques (du moins compatibles entre elles) sur tel ou tel thème.

Ajoutons, enfin, que l'OND élargi devrait apporter une aide indispensable au Contrôleur général des lieux de privation de liberté créé par la loi du 30 octobre 2007. En effet, la France doit se donner les moyens de respecter, dans toutes ses dimensions le protocole facultatif se rapportant à la convention de l'ONU contre la torture et autres peines ou traitements cruels, inhumains et dégradants du 18 décembre 2002. Dans l'article 20 du protocole facultatif de l'ONU, on lit la chose suivante : « Pour permettre aux mécanismes nationaux de prévention de s'acquitter de leur mandat, les Etats Parties au présent protocole s'engagent à leur accorder : a. l'accès à tous les renseignements concernant le nombre de personnes privées de liberté [souligné par nous] se trouvant dans les lieux de détention visés à l'article 4, ainsi que le nombre de lieux de détention et leur emplacement ; b. l'accès à tous les renseignements relatifs au traitement de ces personnes et à leurs conditions de détention ». L'article 8 de la loi du 30 octobre 2007 précise qu'il s'agit, en la matière, de « tout lieu où des personnes sont privées de leur liberté par décision d'une autorité publique, ainsi que tout établissement de santé habilité à recevoir des patients hospitalisés sans leur consentement visé à l'article L 3222-1 du code de la santé publique ». Sont donc concernés : les locaux de garde à vue de la police et de la gendarmerie, dépôts des Palais de

Justice, établissements pénitentiaires, centres éducatifs fermés pour les mineurs délinquants, cellules de retenue des douanes, locaux d'arrêt des armées, centres et locaux de rétention administrative, zones d'attente des ports, aéroports et gares, secteurs psychiatriques des centres hospitaliers [18] et bientôt centres socio-médico-judiciaires de sûreté (loi du 25 février 2008). A notre avis, la création d'un Observatoire – statistique - spécifique des lieux de privation de liberté dépasserait les moyens administratifs, déjà bien limités du contrôleur général, vu l'ampleur de sa tâche, et se heurterait, de toutes façons, à la politique « RGPP ».

L'une de nos propositions de 2007 sur l'éventuelle création d'un observatoire des mesures et sanctions pénales était libellée ainsi : « assurer une coopération étroite avec l'Observatoire nationale de la délinquance (OND), voire préparer, à terme, une éventuelle fusion des deux entités en un Observatoire de la délinquance et des mesures et sanctions pénales [nous préférons aujourd'hui le syntagme de « réponses pénales »] placé auprès du Premier Ministre [19].

Nous y sommes.

Paris, le 31 juillet 2008

---

18. La présence de personnes sous écrou dans le secteur psychiatrique fait que même ces lieux de soin qui sont évidemment de la compétence du Ministère de la Santé ne sont pas étrangers au champ pénal.

19. Tournier, 2008, op. cit.

11

L'Observatoire national de la délinquance (OND) en débat

5 ans après, quelles perspectives ?

20 octobre 2008 [1]

Programme de la rencontre

Introduction de Pierre V. Tournier

1. Bilan de l'Observatoire national de la délinquance, rapport introductif de Bruno Domingo, politologue, chargé de mission à la mission de prévention de la délinquance de l'agglomération toulousaine, membre du bureau de l'Association française de criminologie (AFC).

• Table ronde avec M. Eric Debarbieux, professeur en sciences de l'éducation à l'Université Victor Segalen Bordeaux 2, membre du Conseil d'orientation (COR) de l'OND, M. François Dieu, sociologue, maître de conférences à l'Université de Toulouse, Mme Claire Thieffry, conseillère technique, Union sociale pour l'Habitat, membre du COR.

2. Vers un Observatoire national de la délinquance et des réponses pénales, rapport introductif de Michaël Janas, Président du TGI de Coutances, membre de la mission d'analyse et de suivi de la récidive, ancien président de l'association nationale des juges de l'application des peines (ANJAP).

---

1. Référence : L'Observatoire national de la délinquance (OND) en débat : 5 ans après, quelles perspectives ? Débat public sous le haut patronage de Mme Michèle Alliot-Marie, ministre de l'Intérieur à l'initiative et sous la responsabilité de Pierre V. Tournier, 20 octobre 2008.

• Table ronde avec M. François Courtine, directeur des recherches à l'Ecole nationale d'administration pénitentiaire (ENAP), M. Christophe Soullez, chef du département « OND » et Mme Brigitte Raynaud, chef du département citoyenneté et prévention de la délinquance à la DIV.

3. Information statistique et politiques publiques (sécurité et justice), rapport introductif de Jean Danet, maître de conférences en droit à l'Université de Nantes, ancien avocat, ancien président du Syndicat des avocats de France.

• Table ronde avec M. Alain Bauer, président du COR de l'OND, M. François-Noël Buffet, avocat, sénateur du Rhône (UMP), membre du COR (excusé), Mme Myriam de Crouy-Chanel, substitut général près la Cour d'Appel d'Amiens, Jean-Jacques Urvoas, docteur en sciences politiques, député du Finistère, membre de la commission des lois, vice-président du groupe socialiste (excusé).

- Synthèse des débats par Julien Damon, sociologue, professeur associé à l'IEP de Paris.

Douze questions pour un débat, notes de Jean Danet

1. La statistique ou le fait criminel médiatisé ? Quelle est la boussole des politiques de sécurité et de justice pénale ? Le débat devient difficile avec certaines associations de défense de victimes au lobbying puissant qui disqualifient toute référence à l'information statistique au nom de ce que la victime se moque des statistiques en baisse ou faible, de la récidive très faible de crime sexuel à crime sexuel par exemple dès lors qu'elle est la victime. C'est « le zéro % » posé comme seul point de référence !

2. Information statistique ou exploitation émotionnelle des statistiques ? C'est la question de la grande distribution médiatique. Certes, l'idée qu'il y a « des » délinquances a progressé un peu mais on est encore loin du compte et si l'OND ne peut tout, en ce domaine, il est certain que la pédagogie à l'égard des médias est essentielle, plus encore quand il faudra entrer dans les statistiques judiciaires : différences entre classement sans suite « sec » et classement sans suite après une composition pénale réussie ! Ceci pour exemple mais il y en aurait cent !

3. Quelle information statistique est pertinente pour penser des politiques publiques de sécurité, des politiques pénales ? A quel niveau de finesse faut-il descendre pour que l'information statistique puisse aider à distinguer les délinquances distinctes et préciser les contours d'une politique adaptée, sur les violences, sur les mineurs ? Par exemple, Alain Blanc fait très justement remarquer, s'agissant de ce dernier cas, dans sa contribution (AFC) à la commission Varinard que l'augmentation des crimes sexuels poursuivis et

reprochés à des mineurs n'a, *a priori,* aucune raison de ne pas s'expliquer, comme pour les majeurs, par les dénonciations plus fréquentes aujourd'hui de ces faits et le recul du silence. Et puis on croise bien vite d'autres difficultés résultant des évolutions des qualifications pénales posées par la loi, les pratiques policières, l'évolution des qualifications au long de la chaîne pénale pour chaque dossier etc.

4. L'information statistique, la pénalité et les mesures de sûreté : l'information statistique est-elle une mesure du risque de récidive ? Ou si l'on préfère, comment penser le rôle de l'information statistique au regard des mesures mi actuarielles, mi cliniques du risque de récidive qui sont prônées par certains et contestées par d'autres en psychiatrie et vont être utilisées pour légitimer les décisions de rétention de sûreté ou plus en amont les peines de réclusion et les peines de suivi socio-judiciaire ? c'est la question de l'articulation entre l'information statistique et la mesure partiellement actuarielle de la dangerosité.

5. Lorsque la statistique est pensée comme mesure du risque, lorsque les politiques pénales se font de plus en plus gestion de populations problématiques, moyen de ramener une délinquance ou une déviance pénalisée, une menace pénalisée sous forme d'une infraction formelle au niveau estimé acceptable socialement, l'information statistique peut-elle alors éclairer sur le choix de politique de prévention, générale ou spéciale, de prévention par la répression ou par des formes de contrôle social, d'éducation de politique d'information sur les risques, etc. ? Dans le débat amorcé sur le sous-titre d'un futur OND aux compétences élargies, est-ce le choix entre questions ou réponses pénales qui est important ou au contraire, le caractère réducteur du mot « pénales ». N'est-ce pas plutôt d'un « Observatoire national des évolutions et des réponses aux délinquances » dont nous avons besoin ? Aux réponses pénales et autres ?

6. Manque-t-on de statistiques, d'information statistique pour mieux penser les politiques pénales et / ou de sécurité, et notamment d'information statistique sur le devenir des condamnés, des victimes, etc. ? D'information comparative sur le devenir des condamnés selon les réponses qui ont été données, selon ce qu'a été l'exécution de leurs peines, selon qu'ils ont fait l'objet de poursuites ou d'alternatives aux poursuites, selon qu'on leur a infligé une peine ou qu'ils ont assentis à une peine (CRPC) ou à une mesure de composition pénale ?

7. Mais le développement de telles informations ne justifie-t-il pas de penser sérieusement ce que leur production signifie en termes de suivi de ces « populations problématiques » (victimes comme auteurs) en termes de violation possible de leur vie privée, en termes de danger pour la sûreté de leur personnalité lorsqu'ils seront ainsi indéfiniment scrutés ?

8. Quelle discussion démocratique à partir de l'information statistique au moment d'élaborer les politiques de sécurité et les politiques pénales ? Quelle place pour l'information statistique dans les études d'impacts de nouveaux textes ? Et d'ailleurs des politiques nationales mais aussi locales ? Mais lorsque les cartes judiciaires, policières, régionales, départementales se recoupent toutes, quelle information statistique recueillie dans ces cadres est pertinente ? Quel risque de voir l'information statistique devenir alibi, de la voir mal comprise, dénaturée ou indisponible au niveau où elle serait utile ? Exemple : demain si les conseils généraux se voyaient confier l'enfance en danger, quelle information statistique sur les mineurs en danger et délinquants, appréhendés quant à eux sous le prisme des TGI ?

9. Quelle statistique sur l'effectivité des politiques pénales ? Quelle mesure et quelle observation de la mise en œuvre de ces politiques ? Avec quels autres instruments pluridisciplinaires l'information statistique doit-elle être mise en œuvre, si on veut prétendre à l'évaluation ?

10. Avec quelles autres statistiques l'information sur les délinquances doit-elle être croisée pour mieux réfléchir les politiques pénales ? Economiques ? Sociales ? Educatives ? Inégalités sociales ? Chômage ? Temps de télé par habitant et par jour ? Consommation de médicaments psychotropes ?

11. Des statistiques sur quelle durée pour définir des politiques pénales ou de sécurité de quelle durée ?

12. Une information statistique disponible pour qui ? Pour la défense, par exemple, afin qu'elle puisse mener la critique des politiques pénales et faire réfléchir le juge à sa décision autrement que le nez sur le guidon du dossier ? Aux magistrats du siège pour qu'ils puissent réfléchir – ensemble ou séparément, seuls ou avec le parquet et pourquoi pas avec la défense – leurs propres pratiques des peines ? Non pas pour aligner les politiques pénales, non pas pour que quiconque renonce à son indépendance mais pour échapper à l'impensé !

12

Création de l'Observatoire national de la délinquance et des réponses pénales (ONDRP)

20 octobre 2008 [1]

Le décret

Chapitre 2. L'Observatoire national de la délinquance et des réponses pénales

Art. 8. – L'Observatoire national de la délinquance et des réponses pénales est chargé des missions suivantes :

1. Recueillir les données statistiques relatives à la délinquance et à la criminalité auprès de tous les départements ministériels et organismes publics ou privés ayant à connaître directement ou indirectement des faits ou des situations d'atteintes aux personnes, aux biens ou à l'ordre public ;
2. Centraliser les données relatives au prononcé, à la mise à exécution et à l'application des mesures et sanctions pénales : données juridiques, données statistiques et analyses des questions soulevées dans le cadre des différentes disciplines concernées (données produites en France, mais aussi dans les autres Etats membres de l'Union européenne, du Conseil de l'Europe et dans les pays d'autres continents) ;
3. Exploiter les données recueillies mentionnées au 1° et au 2° pour réaliser des études et analyses globales ou spécifiques sur les phénomènes criminels constatés par les services de police et les unités de gendarmerie, sur les infractions révélées par les enquêtes de victimation, sur l'activité des services de sécurité et sur les réponses pénales apportées par les autorités judiciaires ou administratives ;
4. Assurer la mise en cohérence des indicateurs, de la collecte et de l'analyse des données afin de disposer d'analyses sur le fonctionnement de l'ensemble de la chaîne pénale ;
5. Contribuer au développement d'outils pédagogiques permettant de synthétiser les informations les plus importantes et mettre sa production à la disposition des responsables de formation initiale et continue dans les établissements d'enseignement supérieur et les conseiller quant à leur exploitation ;
6. Assurer une fonction de veille sur les phénomènes criminels actuels ou émergents, sur leur perception par les citoyens, ainsi que sur l'ensemble des politiques publiques, françaises

---

1. Référence : Décret no 2009-1321 du 28 octobre 2009 relatif à l'Institut national des hautes études de la sécurité et de la justice et à l'Observatoire national de la délinquance et des réponses pénales (ONDRP).

ou étrangères, visant à mieux connaître la délinquance et la criminalité et les réponses qui y sont apportées en vue de les prévenir ou de les réprimer ;

7. Coopérer avec l'ensemble des producteurs de données, publics ou privés, en vue de l'élaboration d'instruments statistiques innovants ayant vocation à fournir des statistiques régulières ;

8. Faciliter les échanges avec d'autres organismes d'observation ou de recherche ainsi que la coopération avec l'ensemble de nos partenaires européens ou extra-européens afin de favoriser une meilleure connaissance des phénomènes criminels, des systèmes juridiques, des pratiques et des résultats du traitement des infractions pénales par le développement de méthodes de comparaison adaptées ;

9. Organiser la communication à l'ensemble des citoyens de ces données à travers des publications régulières et leur mise en ligne sur un site internet, dans le cadre des protocoles passés entre l'institut et les ministères concernés ;

10. Communiquer les conclusions qu'inspirent ces analyses aux autorités concernées et aux partenaires de l'observatoire à travers la publication annuelle d'un rapport rendu public;

11. Formuler toutes propositions utiles au développement de la connaissance scientifique des phénomènes criminels, de l'activité des services de sécurité ou des réponses pénales, et à l'amélioration des performances des politiques publiques en matière de prévention, de réinsertion et de lutte contre la récidive.

Art. 9. – Le responsable de l'observatoire est désigné par le directeur de l'institut.

Art. 10. – L'Observatoire national de la délinquance et des réponses pénales est doté d'un conseil d'orientation. Ce dernier a notamment pour mission de définir une méthodologie garantissant la fiabilité et la pertinence des données statistiques en matière de sécurité.

Art. 11. – Le conseil d'orientation de l'Observatoire national de la délinquance et des réponses pénales est composé :

1. D'élus nationaux ou locaux et de personnalités issues de l'enseignement supérieur et de la recherche, ainsi que des secteurs d'activités économiques, sociales et judiciaires :

a) Deux députés et deux sénateurs, respectivement choisis par le président de l'Assemblée nationale et par le président du Sénat ;

b) Deux maires choisis par l'Association des maires de France ;

c) Un professeur des universités désigné sur proposition du ministre chargé de l'enseignement supérieur et un directeur de recherche désigné sur proposition du ministre chargé de la recherche ;

d) Un maître de conférences désigné sur proposition du ministre chargé de l'enseignement supérieur et un chargé de recherches désigné sur proposition du ministre chargé de la recherche ;

e) Un membre du barreau désigné sur proposition du Conseil national des barreaux ;

f) Un journaliste de la presse écrite et un journaliste de l'audiovisuel, spécialistes des questions de délinquance ou des questions pénales, désignés sur proposition du conseil d'administration de l'Institut national des hautes études de la sécurité et de la justice ;

g) Trois personnalités qualifiées désignées respectivement sur proposition du ministre de la justice, du ministre chargé du logement et du ministre chargé des transports ;

h) Une personnalité qualifiée proposée alternativement par la Fédération française des sociétés d'assurances et par le Groupement des entreprises mutuelles d'assurances ;

i) Un représentant des entreprises de sécurité désigné sur proposition du conseil d'administration de l'Institut national des hautes études de la sécurité et de la justice ;

j) Un représentant des sociétés de conseil et d'audit en matière de sécurité désigné sur proposition du conseil d'administration de l'Institut national des hautes études de la sécurité et de la justice ;

k) Un représentant du groupement d'intérêt public dénommé « Conseil supérieur de la formation et de la recherche stratégiques » ;

2. De représentants des administrations :

a) Le directeur général de la police nationale ou son représentant ;

b) Le directeur général de la gendarmerie nationale ou son représentant ;
c) Le directeur des affaires criminelles et des grâces ou son représentant ;
d) Le directeur de l'administration pénitentiaire ou son représentant ;
e) Le directeur de la protection judiciaire de la jeunesse ou son représentant ;
f) Le directeur général des douanes et droits indirects ou son représentant ;
g) Le secrétaire général du ministère de la justice ou son représentant ;
h) Un membre désigné par chacun des ministres suivants :
– le ministre chargé de l'éducation ;
– le ministre chargé des transports ;
– le ministre chargé de la recherche ;
– le ministre chargé de la ville ;
i) Un représentant de l'Institut national de la statistique et des études économiques ;
j) Le délégué interministériel à la sécurité routière ou son représentant.

Le directeur de l'Institut national des hautes études de la sécurité et de la justice assiste avec voix consultative aux travaux du conseil.

Les membres du conseil d'orientation sont nommés par arrêté du Premier ministre pour une durée de trois ans. Le mandat des membres autres que ceux mentionnés aux *a* à *g* et au *j* du 2° est renouvelable. Il ne donne lieu à aucune rémunération.

Art. 12. – Le président et le vice-président du conseil d'orientation sont nommés par arrêté du Premier ministre pour un mandat de trois ans renouvelable une fois. Le conseil d'orientation se réunit au moins deux fois par an. Il ne peut valablement délibérer que si la moitié au moins de ses membres est présente ou représentée. Si ce quorum n'est pas atteint, il est à nouveau convoqué sur le même ordre du jour dans un délai de quinze jours. Il peut alors valablement délibérer quel que soit le nombre de membres présents.

Art. 13. – Le vice-président du conseil d'orientation remplace le président en cas d'absence ou d'empêchement.

Art. 14. – En cas de renouvellement d'un ou de plusieurs membres du conseil d'orientation en cours de mandat, le remplaçant est désigné pour la durée restant jusqu'au renouvellement général du conseil.

13

L'Observatoire national de la délinquance et des réponses pénales (ONDRP)

Bilan et perspectives (1)

7 février 2012 [1]

Introduction au débat

Jean-Pierre Sueur, président de la Commission des Lois du Sénat

Interventions

Alain Bauer, professeur de criminologie au CNAM, président du Conseil d'orientation de l'ONDRP,

Christophe Soullez, chef de l'ONDRP,

Jean-Jacques Urvoas, député du Finistère, membre de la Commission des Lois, membre du conseil d'orientation de l'ONDRP, secrétaire national à la sécurité du Parti socialiste,

Alain Blanc, magistrat, président de chambre à la Cour d'appel de Douai, président de l'Association française de criminologie (AFC).

---

1. Référence : L'Observatoire national de la délinquance et des réponses pénales (ONDRP) : Bilan et perspectives, débat du 7 février 2012, organisé, au Sénat, par DES Maintenant en Europe, contributions d'Alain Bauer, Alain Blanc, Christophe Soullez et Jean-Jacques Urvoas, *Arpenter le Champ pénal*, supplément au n°263-264, 27 février 2012.

Textes rédigés à la suite du débat

1. Contribution d'Alain Bauer

L'ONDRP est un objet administratif non identifié. C'est tout d'abord un dispositif issu d'une promesse gouvernementale et d'un rapport parlementaire bipartisan PS/UMP remis à Lionel Jospin, premier ministre. Il a été finalement mis en place fin 2003 par le ministre de l'Intérieur de l'époque, Nicolas Sarkozy.

L'outil statistique criminel, qui ne porte que sur les faits connus des services, a d'abord été judiciaire et pénal : à partir de l'Edit de Villers-Cotterêts pour l'enregistrement des décès par l'Etat Civil en 1539, à partir de 1826 pour le Compte Criminel de la justice criminelle. A partir de 1972, enfin, pour les faits constatés par les services de police et de gendarmerie. En fait il n'y a pas de statistique de la criminalité. Il existe une statistique des faits connus et enregistrés par les services. Une grève du zèle et le chiffre explose. Une grève tout court et il s'effondre, nonobstant la criminalité réelle.

Cet outil est marqué d'une malédiction : il faut que le chiffre baisse, quel que soit le ministre, comme si le ministère de l'Intérieur produisait de l'insécurité. La statistique criminelle est un outil bien plus politique que scientifique... Hélas.

Contrairement à une idée très répandue, l'ONDRP ne traite pas que des seules données administratives mais s'attache, au contraire depuis 8 ans, à multiplier les sources d'analyse. Ainsi l'un de ses principaux outils est l'enquête nationale de victimation. Nées aux Etats-Unis, puis en Grande Bretagne, dans les années 1970, c'est en 1986, en France, que l'Institut Français d'Opinion Publique (IFOP) réalise une enquête au profit du Centre de recherches sociologiques sur le droit et les institutions pénales (CESDIP). Cette première expérience reste lettre morte. Puis, en 1996, jusqu'en 2004, l'INSEE intègre un module victimation dans ses premières enquêtes permanentes sur les conditions de vie des ménages dites enquêtes PCV.

En 2004 la fin programmée des enquêtes PCV coïncide avec la création de l'Observatoire national de la délinquance, fin 2003, et pour lequel la réalisation d'une enquête nationale de victimation est l'un des objectifs qui lui a été prioritairement assigné. A compter de cette date, l'outil se développe suite à une collaboration entre l'ONDRP et l'INSEE et, après deux enquêtes dites transitoires en 2005 et 2006, une enquête nationale de victimation annuelle intitulée « cadre de vie & sécurité » voit le jour. Elle repose sur l'interrogation de plus de 17 000 ménages et personnes de 14 ans et plus. Les réponses au questionnaire auto administré de l'enquête ne concernent qu'un peu plus de 13 000 personnes de 18 à 75 ans. C'est notamment grâce à ce dispositif que nous pouvons, aujourd'hui, avoir une connaissance beaucoup plus fine de l'état des violences notamment intrafamiliales.

La qualité et l'honnêteté des travaux du CESDIP ou de l'ONDRP n'ont jamais été mises en cause. Que le CESDIP soit un service du ministère de la Justice, puis une unité sous double tutelle, ou que l'ONDRP se situe au sein d'un Etablissement public ministériel ou interministériel ne change rien à leur indépendance et aux règles méthodologiques des études réalisées. L'INSEE, elle-même, est un service du ministère des Finances…

La contestation des chiffres est d'abord un détournement des chiffres et l'expression d'une volonté médiatico-politique visant à simplifier à outrance ce qui est communément appelé la délinquance autour d'un chiffre unique et magique qui expliquerait tout, chaque « événement » valant 1, qu'il s'agisse d'un vol de bonbons ou d'un homicide à main armée, en réunion, la nuit, avec acte de barbarie. On voit bien que chacune de ces unités ne se vaut pas…. Si l'enquête de victimation, réalisée en face à face, auprès de milliers d'individus, ne peut faire l'objet de manipulations, on sait, en revanche, que les statistiques policières peuvent être sujettes à quelques stratégies de contournement des règles méthodologiques. Les statistiques policières sont partielles, parcellaires et parfois partiales. Mais en fait, sur des durées longues, elles ne cachent pas grand-chose. Par ailleurs, la publication par l'ONDRP des signalements d'usagers enregistrés en main courante a permis de mettre en lumière une autre partie de certains faits qui demeuraient cachés.

En fait, la question principale demeure celle de la qualité et de l'exhaustivité de la collecte. Ceci rend les débats sur le statut de l'ONDRP (autorité indépendante, élimination, transformation, et j'en passe au fil des propositions des uns et des autres) parfaitement inutiles ou secondaires. Dans un Etat centralisé comme la France, il faut soit améliorer le dépôt de plainte (ce que nous faisons avec la pré-plainte en ligne par exemple), soit recruter des milliers d'agents pour enregistrer les plaintes de manière indépendante (mais sans pouvoir alors les suivre dans la chaine pénale). Mais, même dans ce dernier cas, comment s'assurer que les agents agissent en toute indépendance ? Aucun pays n'a suivi ce chemin. Mais dans la majorité des cas un organe de contrôle local des activités policières dénonce les non enregistrements et l'autorité politique locale intervient. Il faut pour cela changer la nature de la gouvernance du pays pour rejoindre le système anglais qui met en place des commissions civiles de contrôle des polices. L'indépendance n'est pas un statut mais une volonté. En huit ans, l'ONDRP, dont les travaux sont soit salués, soit utilisés, répond à toutes les demandes publiques et fournit des outils de compréhension de la criminalité vécue ou connue. Son rôle est d'utiliser plusieurs sources complémentaires pour déterminer des tendances et des évolutions ou pour dénoncer des manipulations ou des instrumentalisations. Et il est notable de constater que tout le monde utilise les statistiques de l'ONDRP pour justifier ou critiquer l'action publique.

2. Contribution de Christophe Soullez

Le débat public se nourrit de nombreux chiffres ou indicateurs statistiques. Le pouvoir politique comme les médias en font très souvent usage, pour élaborer une politique publique, valider une orientation ou une action ou encore pour évaluer l'efficacité d'un dispositif, voire les agents chargés de sa mise en œuvre, ou pour la critiquer. Il ne serait pas logique de considérer que les statistiques sur la criminalité devraient être un cas à part.

Lorsqu'en 2003 l'ONDRP a été créé, il s'est vu confier plusieurs missions centrées sur un objectif : mieux connaître la réalité criminelle. Pour ce faire, il devait notamment développer une approche multi-sources de la délinquance au-delà de la simple analyse des crimes et délits enregistrés par la police et la gendarmerie nationales. Il devait également développer un corpus méthodologique permettant de mieux appréhender l'outil statistique policier à travers toutes les limites inhérentes à celui-ci. Enfin, dans la droite ligne des expériences anciennes menées par le CESDIP, puis par l'INSEE, il a eu la responsabilité, avec l'INSEE, de mettre en place une enquête régulière de victimation.

Ces missions ont été réalisées en collant au maximum aux principes édictés par le guide des bonnes pratiques de la statistique publique. Ainsi, avant la création de l'OND, il existait un rituel qui consistait, d'une part pour le ministère de l'Intérieur à publier les chiffres sur les faits constatés sans rigueur statistique, dans le cadre d'une communication propre à des sources inconnues et, d'autre part, aux spécialistes des questions d'expliquer dans les médias en quoi les pratiques du ministère étaient peu rigoureuses sans avoir toujours accès aux sources primaires. Il manquait un acteur, la statistique publique, qui au sein de l'administration doit assurer la rigueur statistique. Son absence du champ des statistiques de la délinquance et de la criminalité avait pour chacun de nombreux avantages et, en premier lieu, celui de permettre chaque année au rituel ci-dessus de se reproduire. Aujourd'hui, l'observatoire a bouleversé ce champ. Ce bouleversement s'effectue à travers des publications statistiques. Il a concerné tout d'abord les statistiques sur les faits constatés dont la présentation a été profondément modifiée par l'ONDRP.

C'est pourquoi il convient de préciser que l'observatoire n'est pas un organisme de recherche mais un acteur de la statistique publique dont le personnel est notamment composé de trois statisticiens de l'INSEE, dont son responsable des statistiques. L'ONDRP est membre du Conseil National de l'Information Statistique (CNIS) et travaille en étroite liaison avec l'INSEE qui est présent au sein de son conseil d'orientation. Les travaux de l'ONDRP sont suivis par l'autorité de la statistique publique qui devrait prochainement proposer à l'ONDRP la certification de ses données.

Comme tout organisme statistique, l'Observatoire national de la délinquance et des réponses pénales (ONDRP) a comme activité principale la production et la diffusion de statistiques sur la criminalité et la délinquance. La diffusion de statistiques par l'ONDRP s'effectue à travers différentes publications dont la principale est le rapport annuel qui paraît en novembre. Les autres publications régulières sont le bulletin annuel et les bulletins mensuels sur la délinquance enregistrée. Ils sont disponibles gratuitement en ligne. Des études statistiques sont aussi publiées tout au long de l'année dans différentes collections : *Grand Angle*, *Repères*, *Focus* ou *Résultats & Méthodes*. Toutes les études réalisées par l'ONDRP sont publiées. L'ONDRP travaille donc en toute transparence.

Dans le même esprit, l'observatoire a souhaité dès ses premières publications permettre à ses lecteurs de connaître aussi précisément que possible les détails de l'élaboration de ses études. L'introduction de chaque document permet de le situer dans la production statistique d'ensemble de l'observatoire. On y trouve en particulier l'origine de la demande ou la justification de l'auto saisine. L'observatoire considère que la neutralité statistique ne consiste pas à considérer que ses choix sont les seuls possibles mais plutôt à expliquer sur quel type d'information ils débouchent, en n'hésitant pas, par ailleurs, à insister fortement sur leur limites.

Pour l'observatoire, l'impartialité passe par la transparence sur les méthodes, sur les décisions et sur la nature des hypothèses d'interprétation qu'il propose. En statistique, comme dans tous les domaines, si on vise l'objectivité, on ne peut pas se poser en juge et partie. Pour l'ONDRP, c'est au lecteur de se faire une opinion sur le caractère rigoureux de sa démarche statistique. C'est pourquoi, l'observatoire pratique la transparence : il explique tous ses choix en détail, certains diront avec une extrême minutie, et il n'hésite pas à pointer ceux dont les fondements sont les plus fragiles. Il a donc une logique de subjectivité assumée.

Cette démarche lui a permis d'établir des relations de confiance avec tous les services qui lui transmettent des données, dont le nombre élevé explique la taille de son rapport annuel. C'est notamment en privilégiant l'échange et le dialogue avec les deux directions générales de la police et de la gendarmerie nationales, ainsi qu'avec la Préfecture de Police, que l'ONDRP a aujourd'hui accès à une diversité de données. C'est aussi ce souci visant à essayer de convaincre ses interlocuteurs de la nécessité d'une plus grande rigueur statistique qui a toujours guidé l'ONDRP plus que l'opposition ou le dénigrement systématiques. La principale conséquence de cette démarche a été l'évolution progressive et positive de certaines pratiques. La démarche statistique de l'ONDRP par sa cohérence et sa continuité a permis à ses travaux, et notamment à ses indicateurs sur les crimes et délits enregistrés, de se diffuser petit à petit au sein de la police et de la gendarmerie nationale. Aujourd'hui, les tableaux de bord utilisés au sein des deux directions générales ont été conçus, pour partie, à partir des indicateurs de l'ONDRP.

Par ailleurs, par sa position administrative originale, l'observatoire est un lieu d'échange et de dialogue des représentants de nombreux ministères détenteurs de données (Intérieur, Justice, Transports, Educations nationale, Ville, ou encore Economie et Finances), de statisticiens publics issus de l'INSEE, de chercheurs, d'élus et de représentants de la société civile. C'est justement le fait que l'ONDRP ne soit pas intégré à un ministère qui permet de faire progresser les méthodes de production et d'analyse des données. Une configuration plus classique comprendrait 3 acteurs, 2 SSM, Intérieur et Justice et l'INSEE pour les enquêtes. L'avantage de l'observatoire est d'offrir un espace d'échange entre ces 3 institutions qui ne dépend pas directement de l'un d'entre eux.

Une coopération avec les administrations n'est pas synonyme de connivence. Ainsi, outre que l'ONDRP rappelle à chaque publication les limites des concepts utilisés dans le cadre de l'analyse des données administratives, il n'a jamais hésité à mettre en exergue – et souvent il fut le premier – les anomalies statistiques qu'il est conduit à observer : rapport faits élucidés / faits constatés supérieurs à 100 %, mois tronqués de quelques jours d'enregistrement ou encore, plus récemment, modification des pratiques d'enregistrement des escroqueries à la carte bancaire suite à des indications données par les services du ministère de la Justice.

La position inédite de l'observatoire, organisme exploitant les statistiques de délinquance enregistrée et de victimation, lui a permis de concevoir un système d'information qu'on peut qualifier de « multi-sources ». Il est désormais possible de procéder à des analyses comparées des statistiques administratives et des statistiques d'enquêtes sur les principales atteintes aux personnes ou aux biens.

L'ONDRP est parvenu à faire comprendre que le chiffre unique n'avait aucun sens. Il a contribué à montrer que l'analyse de la criminalité était une démarche beaucoup plus complexe que la diffusion de quelques chiffres. Il a initié un vaste chantier visant à réfléchir et à concevoir de nouveaux indicateurs.

De même qu'il a su imposer l'enquête « Cadre de vie et sécurité », grâce au soutien du ministère de l'Education Nationale, il a été à l'initiative de la mise en place de la première enquête de victimation en milieu scolaire. Dans ses perspectives de travail, l'ONDRP entend développer ses relations avec le ministère de la Justice et notamment son service statistique ministériel en vue de pouvoir réaliser des études sur la réponse pénale. Il attend également beaucoup des nouveaux systèmes d'information mis en place au sein de la police et de la gendarmerie nationale.

3. Contribution de Jean-Jacques Urvoas

Peut-on contribuer à ce débat sans l'inscrire pleinement dans son contexte politique ? Je ne le crois pas tant le sujet qui nous occupe figure dans l'agenda médiatique depuis dix ans. En 2001 et en 2002, les campagnes électorales se sont même principalement jouées sur le thème de la délinquance. C'est dire si la publication des chiffres a pris une importance de plus en plus grande. Et depuis dix ans, rituellement quand le ministre de l'Intérieur les dévoile, c'est le même rituel : quand ils sont en baisse, il y voit la conséquence de son action énergique, quand ils sont en hausse, il y voit la preuve que son ministère doit obtenir des moyens supplémentaires dans la lutte contre la criminalité.

Face à cet exercice devenu, au fil des ans, sans surprise, l'opposition – et singulièrement le PS – peine à sortir d'une contradiction flagrante : multipliant les critiques sur la manipulation des chiffres, elle ne cesse pourtant de les utiliser pour démontrer l'échec du pouvoir. Ces chiffres seraient donc truqués quand ils baissent et tout à fait valables quand ils accusent des hausses. Difficile dans ces conditions de plaider pour une analyse « hors sol » de l'outil central du débat politique qu'est devenu l'Observation national de la Délinquance. Ces précautions prises et ma subjectivité assumée, je vais, dans un premier temps, dresser les malfaçons de l'OND avant, dans un second temps, de proposer des évolutions.

a. Les malfaçons de l'ONDRP

Avant d'en critiquer certains aspects, il faut d'abord rendre une forme d'hommage à cette structure.

Les critiques qu'elle attire ne sont que la rançon de son succès, le prix à payer de la centralité de la position qu'elle occupe dans notre univers médiatique. En effet, rares sont les charges contre l'observatoire national de la pauvreté et de l'exclusion sociale (qui existe pourtant depuis 1998) ou de l'observatoire national du tourisme.

Dans sa quête – réussie – de reconnaissance, il a bénéficié d'une tendance lourde, celle qui consiste à remplacer une longue argumentation par un chiffre péremptoire et fade. Parce que le chiffre est simple, il donne le sentiment (ou plutôt l'illusion) que celui qui l'assène comprend et maîtrise ce dont il parle. Sa dictature s'installe donc parce que dans les médias, il faut délivrer un message en quelques secondes et donc prendre le risque de dire des choses simples sur des sujets souvent complexes et dans un langage qui n'est pas toujours rigoureux. Le chiffre est devenu un fétiche sensé crédibiliser les informations et les messages diffusés. Principal fournisseur dans le domaine de la sécurité, sujet devenu lui-même premier dans l'agenda politico-médiatique, l'OND a participé à cette dérive.

Un intitulé mensonger

La responsabilité en revient à deux parlementaires, Christophe Caresche et Robert Pandraud. Ce sont eux, dans leur rapport qui répondait à la lettre de mission que leur avait confié le 23 juillet 2001 Lionel Jospin, qui ont suggéré que l'organisme dont ils préconisaient la création soit baptisé « *observatoire de la délinquance* ». On sait en réalité que les chiffres qu'il traite ne sont pour l'essentiel que les résultats de l'activité de la police et de la gendarmerie. Et que si cette activité n'est évidemment pas sans lien avec celle des délinquants, elle n'en est pas le reflet immédiat. Comme le dit Laurent Mucchielli, « que changent les priorités répressives, qu'interviennent les consignes strictes du ministre et les statistiques indiqueront des évolutions qui n'ont pas de rapport avec l'évolution de la délinquance ».

J'entends bien que l'observatoire n'entend plus se limiter aux productions de ce fameux schéma standardisé que l'on dénomme « l'état 4001 » et qu'il intègre les enquêtes de victimation voire des enquêtes de délinquance auto-déclarée mais la conversation demeure récente. Mais le développement, avec l'INSEE, des enquêtes annuelles de victimation « Cadre de vie et sécurité » n'est une réalité que depuis 2007. Ainsi la première de ces enquêtes nationales fut conduite au milieu des années 1980 par un financement du ministère de la Justice, par le CESDIP.

Ce n'est que cette année que j'ai noté avec intérêt que le thème de la conférence de presse le 17 janvier dernier du ministre était le « bilan annuel de la criminalité et de la délinquance enregistrées par les services de police les unités de gendarmerie en 2011 ». Hélas, dès ses premiers mots, Claude Guéant oubliait la précaution et évoquait « l'évolution de la sécurité » et « le chiffre global de la délinquance »...

Par son intitulé, l'OND permet cette simplification alors même que la statistique policière n'est qu'un paramètre dans la mesure de l'ordre.

Une incarnation polémique

Le législateur n'a pas suivi les préconisations du rapport fondateur. Celui-ci suggérait que « le président du conseil d'administration de l'établissement public national soit nommé par le Président de la République ». Or l'OND n'est qu'un département de l'INHESJ doté d'un conseil d'orientation dont le président est nommé par décret du Premier Ministre. Ces deux caractéristiques ne garantissent pas l'indépendance. Et le fait que le dit président du conseil d'orientation soit régulièrement présenté – sans qu'il ne le démente – par les journalistes comme « un conseiller de Nicolas Sarkozy » ne contribue pas à dissiper le doute.

Et surtout comme le disait Frédéric Ocqueteau, le 16 décembre 2010, au moment de sa démission dans un entretien à AISG « l'OND n'était évidemment pas indépendant puisqu'il n'a toujours pas, la main sur la collecte des données ».

Il faut rajouter que l'OND ne dispose pas d'un conseil scientifique, absence qu'il assume au nom du fait qu'il n'est pas un organisme de recherche mais un « acteur de statistique publique ».

Cet acteur est néanmoins sous tutelle de facto des ministères et surtout il a la prétention de concentrer, selon les termes mêmes du décret fondateur, l'ensemble des moyens de connaissance sur le crime, la délinquance, l'action de la police, de la gendarmerie, de la justice, de la prison, de l'alternative aux peines, aux poursuites, de la surveillance électronique, etc. Cette potentialité de monopole est spécifique à notre pays. Dans les autres pays démocratiques, la connaissance est indépendante et concurrentielle. Cette volonté de maîtriser le champ de la production conduit à des fragilités dans les analyses.

Ainsi on peut régulièrement relever dans les documents de l'OND qu'il a raccourci le passé. Exemple dans la fiche n° 7 du bilan OND 2010 il est écrit « qu'entre 2005 et 2008, le nombre d'outrages est resté stable ». Bien... Et alors ? Et alors rien du tout, si l'analyse se borne à 2004-2009. Et de fait que sur 5 années, le critère soit stable durant 3 années ne peut conduire à aucune conclusion. Si l'OND acceptait d'élargir sa focale avant son existence, on apprendrait que le nombre d'outrages constatés n'a en réalité pas cessé d'augmenter depuis le premier tiers des années 1990, ce qui donne un peu plus de relief aux années 2004-2009.

Un usage politique pervers

J'entends bien que la France possède une statistique judiciaire annuellement publiée depuis 1827. Je crois que le premier volume du Compte général administratif de la justice criminelle retrace même des données de 1825... Je sais aussi que les statistiques de police et de gendarmerie font l'objet d'un traitement homogène depuis 1972, que la classification de 1995 a légèrement modifié sans l'altérer. Ce qui a changé récemment – depuis 10 ans – c'est la volonté politique de l'exécutif qui a non seulement compris l'intérêt qu'il y avait à contrôler la communication sur les chiffres mais également à tenter de s'assurer le contrôle de leur production.

Comment ne pas comprendre que le fait de demander à des fonctionnaires les éléments de leur évaluation et, par-là, celle du gouvernement soit sans conséquence ? On commença par convoquer les chefs de service les plus performants et les plus rétifs : « le sarkomètre ». Et pour ceux qui ne voulaient vraiment pas comprendre, le décret du 21 octobre 2004 est venu clairement leur indiquer que le 1/3 de leurs primes au mérite dépendait de leurs résultats chiffrés…

Cette pression dite de la « politique du chiffre » appelée par le ministre « culture de la performance et du résultat » est pour beaucoup dans la dégradation des conditions de travail des policiers et des gendarmes et dans le fait qu'ils sont conduits à sacrifier des pans essentiels de leurs missions. En d'autres termes, ce n'est pas le traitement auquel procède l'OND qui est vicié mais la matière sur laquelle il travaille. On demande aux policiers et aux gendarmes d'obtenir des objectifs fixés par le ministre et on leur demande de prouver qu'ils les ont atteints… Je me souviens ainsi de la lettre de N. Sarkozy à M. Alliot Marie en juillet 2007 dans laquelle il indiquait que « la délinquance [devait] continuer à baisser de 5 % en deux ans pour la délinquance générale et de 10 % pour la délinquance de voie publique »…Ils sont donc juges et parties…

Je n'ignore pas que l'OND dans ses publications s'interroge sur les « fortes limites de l'outil statistique » mais ses réserves sont moins connues du grand public que les « magic number » qui émaillent ses différentes communications… Ma critique fait donc de l'OND un dommage collatéral d'une instrumentalisation de la statistique de police devenue outil de contrôle administratif interne et de communication politique externe.

b. Perspectives d'évolution

Ces défauts n'occultent pas le fait que l'existence de l'OND a créé des révolutions minuscules dans la pratique des bureaucraties qui travaillaient, avant son existence, dans un isolement total les unes des autres. Ainsi la crise intervenue en 2007 au moment de la publication du livre-référence de Christian Mouhanna et de Jean-Hugues Mattely *Police des chiffres et des* d*outes* a débloqué des mécanismes tabous incitant à la rétention des données.

Comment progresser ? Je ne peux que reprendre de modestes pistes puisque l'essentiel est brillamment dit dans le récent livre de Philippe Robert et de Renée Zauberman *Mesurer la délinquance* paru aux Presses de Science Po l'an passé. Mais avant de lister trois idées, il convient de préciser qu'en matière de lutte contre la délinquance, ce qui est mon propos politique global, il faut commencer par ne plus réduire le « résultat » au « chiffre ». L'une des missions essentielles du prochain gouvernement de gauche sera donc d'initier une révolution culturelle permettant de dissocier le chiffre du résultat ou de la performance.

De ce point de vue, avant même la construction de nouveaux indicateurs ou principes d'évaluation, le principal terrain sera celui des esprits. Une politique de sécurité ne doit plus être réduite à la seule lutte contre la délinquance.

Oser l'indépendance

J'ai personnellement tâtonné sur les moyens d'y parvenir. Le PS prône la transformation de l'ONDRP en AAI. La perspective est presque évidente et en tout cas compréhensible : ce statut permet d'échapper à l'influence des administrations et de disposer d'une grande latitude pour mener à bien des travaux.

Mais est-ce la panacée ? Le Conseil d'Etat dans un rapport de 2001 écrivait « le recours à une AAI se justifie essentiellement pour assurer une mission de régulation au sens exigeant donné à ce terme, ou pour éviter un conflit d'intérêt entre l'Etat opérateur économique et le fonctionnement d'un marché concurrentiel ». En sus, comme député je ne cesse de m'interroger sur la création massive des AAI depuis quelques années qui sont autant d'externalisation de la fonction de contrôle dévolue au Parlement. Depuis 10 ans, 20 AAI de nature, de missions, et de tailles différentes ont été créées. Cela fait quand même une moyenne de 2 par an ! Ainsi dans la dernière année, ont été inventées : la Haute Autorité pour la diffusion des œuvres et la protection des droits sur Internet (HADOPI), l'Autorité de régulation des transports ferroviaires (ARAF), et l'Autorité de régulation des jeux en ligne (ARJEL). A soi seule, en sus une AAI ne garantit pas l'indépendance puisque cela est largement lié aux conditions de nomination des membres qui l'anime. S'il y a des exemples comme JM Delarue avec le contrôle général des lieux de privation de liberté, la nomination de Jeannette Bougrab à la tête de la HALDE est un contre-exemple.

Voilà pourquoi, j'en reviens à la création d'un établissement public national doté d'un conseil d'administration. Le choix de son président devant revenir au parlement selon des critères de vote conduisant à dépasser la simple majorité du moment. Cela évitera ce qui est arrivé au directeur général de l'INSEE, viré en octobre 2007 au prétexte de polémiques sur l'évolution du chômage et du pouvoir d'achat.

Rechercher la diversification des mesures

La mesure de la délinquance ne se réduit pas à la technique statistique. Elle doit s'adosser à une sociologie de la délinquance, c'est-à-dire à la capacité d'analyser les conditions de l'incrimination des comportements ainsi que celles de sa mise en œuvre. Elle se construit autour d'un savoir scientifique, le monopole ne peut conduire qu'à un appauvrissement.

Une mesure isolée ne parle pas. Seule cette volonté de diversification permet la confrontation et la convocation de données qui représenteront une gamme plus ouverte d'acteurs ayant eu à connaître des évènements susceptibles d'être désignés comme des infractions. Il existe par exemple une criminalité sans victime directe : cas de la fraude fiscale. C'est une opération cruciale pour la mesure de la délinquance.

Favoriser l'accès aux données

L'enjeu plus général reste celui de l'accès aux bases de données qui vont des comptages administratifs aux enquêtes de la statistique publique. Ce qui se joue aujourd'hui autour de l'INSEE se joue également autour des données de police. Si l'on n'obtient que des tableaux dits « *synthétiques* », la société n'aura plus rien à sa disposition. La statistique est à l'information ce que le pétrole est à l'essence…

Or aujourd'hui, le ministère ne publie plus rien, l'onglet statistique renvoie à celui de l'INHESJ et donc de l'ONDRP. Et il n'est même pas d'actualité puisque le dernier lien concerne 2009…

Assécher l'information, c'est accepter l'assèchement de l'esprit critique et interdire le débat démocratique.

4. Contribution d'Alain Blanc

Ce texte reprend mon intervention orale telle que je l'avais préparée. J'ai pu en omettre des passages lors de la rencontre, ou en développer plus certains autres. Le texte ci-dessous reflète en tous cas ce que je comptais dire et maintiens *a posteriori*.

Avant d'aborder le fond de mon intervention, je tiens tout d'abord à préciser à quel titre je m'exprime ici. Comme l'a indiqué sur le programme mon ami Pierre V. Tournier, je suis magistrat, président d'une chambre correctionnelle à la cour d'appel de Douai, et par ailleurs président de l'Association Française de Criminologie. Je m'exprimerai donc en tant que magistrat, président de l'AFC. Je ne suis ni universitaire, ni chercheur, ni statisticien, ni criminologue. Et je ne représente pas la Justice, que cela soit clair.

J'ajoute pour ceux qui ne le sauraient pas, que j'ai passé dix ans à la direction de l'administration pénitentiaire dont quatre comme sous-directeur de la réinsertion, et suivi un an l'enseignement dispensé en 1996 à l'Institut des haute études de la sécurité intérieure (IHESI) : tout cela pour dire que les questions de sécurité et de politiques publiques, y compris interministérielles, ne me sont pas complètement étrangères.

Je tiens également à faire part des conditions particulières dans lesquelles j'ai préparé cette intervention. A partir de l'intitulé du débat – « l'ONDRP, bilan et perspectives » – et des fonctions des personnes invitées à s'exprimer ce matin, j'ai commencé par aller voir le rapport annuel de l'ONDRP. Ce qui, entre nous, n'est pas une mince affaire. J'y ai été aidé par l'obligeance de ses services qui m'ont envoyé à ma demande un DVD sur lequel j'ai passé mon dimanche : consulter sur un écran ces quelques mille pages, c'est compliqué et d'ailleurs, pour ce que j'ai voulu imprimer, je n'y suis pas parvenu mon imprimante ayant rendu l'âme.

J'ai tout de même pu y lire attentivement l'avant-propos du dit rapport rédigé par André Michel Ventre, directeur de l'INHESJ, et l'introduction d'Alain Bauer, tous les deux présents ici : l'un et l'autre vous évoquez l'évolution de vos rapports avec la Justice et les conditions dans lesquelles votre travail avançait : Monsieur le Directeur, vous rappelez que le champ de l'établissement public que vous dirigez ne s'est ouvert à la Justice que depuis le 1er janvier 2010, et dans l'avant-propos du même rapport, Monsieur Bauer, vous écrivez en tant que Président du conseil d'orientation de l'ONDRP que c'est « depuis quelques mois que l'ONDRP dispose des données du Ministère de la Justice » et vous parlez d'un « processus engagé lentement ».

Là-dessus, Fabien Jobard, ici présent également, me demande quand je le joins hier, si j'ai eu connaissance de la dépêche récente de l'AFP faisant état de la déclaration d'Alain Bauer au sujet de ses rapports avec le Ministère de la Justice et, puisque je n'en avais pas connaissance, me l'a communiqué.

Je vais donc vous la lire, puisque le débat de cette matinée porte précisément sur les perspectives de l'ONDRP avec la Justice. Et vous comprendrez pourquoi j'ai eu un choc dont je ne me suis pas encore complètement remis mais que je m'efforcerai ensuite de dépasser : voici donc la dépêche de l'AFP publié par Le Figaro :

AFP Publié le 17/01/2012 à 12:34. « Le président de l'Observatoire national de la délinquance et des réponses pénales (ONDRP), Alain Bauer, a dénoncé aujourd'hui une "mauvaise volonté" et une "absence totale de dialogue" de la part du ministère de la Justice en matière de statistiques criminelles. "Nous sommes aujourd'hui dans l'incapacité de travailler avec (ce) ministère, parce qu'il y met jusqu'à présent une franche mauvaise volonté, c'est une situation que nous n'avons jamais connue avec aucun autre ministère avec lequel nous travaillons", a affirmé Alain Bauer lors de la présentation du bilan 2011 de la délinquance.

L'ONDRP ne sait "pas très bien, en matière de statistique, si nous devons faire sans eux ou si nous devons faire contre eux", a-t-il ajouté. "Sans eux, parce que l'absence totale de dialogue et de concertation, de diffusion de documents du ministère de la Justice devient un affront démocratique insupportable", a poursuivi Alain Bauer. Selon lui, "dans les pires moments de la relation avec n'importe quel autre ministère, l'ONDRP n'a été en situation de ne pas avoir accès à des documents pourtant parfaitement bénins ou anodins". "Il y a un problème qu'il faudra régler. Contre eux, c'est ce que je suis en train de faire à mon grand regret", a expliqué Alain Bauer.

Le ministère de la Justice "a décidé de nous traiter par le mépris et le silence, il pense que nous sommes des intrus", a déploré le président de l'Observatoire. "Comme nous ne sommes pas de gentils valets aux ordres, et bien nous disons ce qu'il en est, et à notre grand regret, nos relations avec (la Chancellerie) sont passées de l'absence au conflit. Nous sommes face à une absence de dialogue", a conclu Alain Bauer.

Si le ministre de l'Intérieur, Claude Guéant a laissé « au président de l'ONDRP (le soin) de convaincre le ministre de la Justice », il a promis qu'il « lui en parlerait » lui-même. Toutefois, a reconnu le ministre, « c'est vrai que depuis des années, Alain Bauer, quelques autres dont moi-même, poursuivons le dessein d'avoir un indicateur qui permettrait de suivre la totalité de la vie d'un fait criminel ».

Si Pierre Victor Tournier m'a invité à prendre part à ce débat je suppose qu'indépendamment de nos liens d'amitié, c'est parce qu'il pense, je le sais et lui fais confiance, que je peux contribuer à faire « avancer les choses » sur la « greffe » ONDRP / Justice. J'avais d'ailleurs participé, à son initiative, en janvier 2009 à l'ONDRP à une réunion présidée par Christophe Soulez, ici présent, dont je garde un souvenir d'autant plus mitigé qu'outre les blocages que j'y avais constatés entre les représentants du ministère de la Justice et ceux de l'ONDRP, je n'ai rien su de ses suites.

Mais les termes d'André Michel Ventre et d'Alain Bauer parlant à ce sujet de « processus lent » m'avaient rassuré avant-hier. Je savais que la tâche n'était pas simple car elle comporte des préalables sur lesquels je pensais donc revenir ici pour contribuer à faire avancer « le processus lent », ce que je vais essayer de faire maintenant.

Auparavant, une précision tout de même sur l'organisation de ce débat qui remonte à plusieurs mois, afin que tout soit clair pour le public dans la salle : personne ici ne représente le ministère de la Justice : mon amie et collègue Hélène Franco, qui représente ici le Front de Gauche, le directeur du CESDIP, et moi-même « appartenons », certes, chacun à sa place à la Justice, mais aucun ne peut prétendre la représenter. La représentation de l'ONDRP est en revanche parfaitement assurée par toute sa hiérarchie : personnellement je me sens donc un peu « franc-tireur face à des maréchaux », mais je connais et apprécie chez Pierre Victor Tournier son intuition pour aménager des transversales fécondes. Et j'accepte le débat tel qu'il l'a institué.

J'ai repris les notes que j'avais prises à l'issue de la réunion à laquelle j'avais participé en janvier 2009, et les ai confrontées au rapport annuel 2011 de l'ONDRP. Après cette réunion j'ai essayé de comprendre pourquoi la greffe ONDRP/ Justice avait donc tant de mal à prendre. Pourquoi, alors que cet organisme venait de quitter le giron de la place Beauvau pour remonter au niveau de Matignon, les blocages semblaient perdurer.

Deux hypothèses de travail me sont venues à l'esprit et je pense que les développer ici peut contribuer à faire avancer le débat : je commence par la plus optimiste pour en venir non pas à la plus pessimiste, mais à celle qui suppose une réflexion plus radicale :

Hypothèse 1 : c'est la faute des hommes et des méthodes employées jusqu'à présent.

Hypothèse 2 : le blocage est lié aux différences de culture de chacune des institutions, voire à leur différence de nature et de missions.

Sur la 1ère hypothèse : les hommes et les méthodes.

Ne m'en veuillez pas mais, pour bien me faire comprendre, je vais recourir à des métaphores qui pourront choquer et je vais être contraint de « personnaliser » quelque peu la question. Après tout il s'agit d'une « histoire en train de se faire ».

Quels sont les handicaps, ou les pêchés originels de l'ONDRP qui font que la Justice est « sur ses gardes » par rapport à une collaboration avec cet organisme, et ce en dépit de son rattachement à Matignon ? Il y en a plusieurs à mon sens et il ne faut pas se cacher qu'ils sont connus et commentés au sein de la Justice :

1. Goliath et David ou le complexe de l'Hydre : la structuration de l'INHESJ et de l'ONDRP, sa structuration et sa composition perçues comme un énorme appareil administratif centralisé, opaque, avec des moyens financiers et humains pris, de fait, « sur la bête » des budgets des autres ministères : tous les organismes de recherche ont vu leurs crédits ponctionnés et pour certains tel que l'Institut des Hautes Etudes de la Justice quasiment réduit à néant - malgré son aura – il est vrai sur des valeurs et une identité proprement judiciaire - internationale.

2. La nécessité du temps pour faire ses preuves quant à la légitimité scientifique de ses travaux : il semble que des progrès aient été faits, et ils sont évoqués dans le rapport annuel, et vous les avez développés tout à l'heure, Mr Bauer. Il reste que comme vous l'avez dit vous-même, l'indépendance ne se décrète pas, et il semble bien en l'espèce qu'il faille encore du temps pour que le soupçon cesse : à cet égard, je crains que l'image du discours unique, même s'il est pertinent, ne puisse remplacer la confrontation ouverte et le pluralisme. Peut-être y reviendrons-nous ?

3. Une représentation de la Justice dans vos structures à la légitimité quelque peu contestable non seulement parce qu'elle est numériquement faible, mais aussi du fait qu'elle est assurée soit « pour ordre » par les directeurs d'administrations centrales soit par certains magistrats même pas pénalistes ou par des avocats appartenant à des réseaux indéfinis. L'absence de restitution des débats au sein de l'ONDRP ou de l'INHESJ n'arrange sans doute rien à ce sujet.

4. Confier la direction de l'INHESJ à un ancien secrétaire général du syndicat des commissaires de police – quelque soient ses qualités personnelles indiscutables – n'était sans doute pas le meilleur moyen de donner à voir la rupture avec le ministère de l'Intérieur.

5. Enfin je crois qu'il faut le dire, la personnalisation de la structure de l'INHESJ autour d'Alain Bauer fonctionne jusqu'à présent comme une « marque » quasi commerciale : les institutions de la République, et la Justice en particulier, mais pas seulement – mais je vous concède qu'il y a eu des exceptions que pour ma part je déplore – sont imprégnés d'une culture différente : celle du collectif, de l'anonymat et de la discrétion. Mais tout cela est perfectible, sans doute.

Sur la 2ème hypothèse : les cultures, les missions et la nature des institutions

1. Comment dans ce domaine ignorer le poids de l'histoire des rapports entre la Place Beauvau et la Place Vendôme ? Elle est consubstantielle à la démocratie. Elle est féconde. Les oppositions entre les deux ministères sont un signe de santé, de la même manière que le juge participe à la mise en œuvre de l'ordre public et est, selon la Constitution, le garant des libertés individuelles. C'est indépassable sauf dans les régimes totalitaires. Il faut donc vivre avec, ne pas faire semblant et faire le partage entre ce qui réunit et ce qui sépare. Il y faut de la méthode et du respect mutuel.

2. La mission apparemment « simple » et « neutre » de collecte des données de l'ONDRP se télescope avec la structuration complexe de la Justice dans toutes ses composantes : d'un côté des juridictions composées de magistrats du siège et du Parquet et de l'autre, des services de l'administration pénitentiaire et de la protection judiciaire de la jeunesse

dépendant de directeurs d'administrations centrales sous l'autorité du Ministre de la Justice. Chacune de ces entités a « ses chiffres » avec ce qu'ils drainent de complexité, d'approximations, mais aussi de raisons d'être, de sens de leur activité respective. Ils sont donc tout sauf « neutres ».

AM Ventre est intervenu ensuite au cours du débat qui a suivi les premières interventions pour faire part de ce que contrairement à ce que j'indiquais il n'y avait aucun lien entre la constitution de l'INHESJ et la réduction des moyens de l'IHEJ : j'ai donc contacté Antoine Garapon à ce sujet et il est encore plus clair que je ne l'ai été : c'est en effet la création de l'INHESJ qui lui a été opposée par le cabinet de Michèle Alliot-Marie pour justifier les restrictions budgétaires et la fin de sa mise à disposition. D'autre part, Alain Bauer lui-même lui a clairement dit que l'IHEJ devait rejoindre son Institut.

Et évidemment ces missions génèrent des contradictions internes qui se retrouvent sous des formes différentes au niveau local, régional et central. Mais ces missions sont d'une nature particulière, même si certains de leurs aspects sont proches ou complémentaires de celles de la police et de la gendarmerie.

Les juges ont pour charge de :

- Garantir les libertés individuelles : l'indépendance du siège est constitutionnelle, celle du parquet est de plus en plus revendiquée, et les services sont soumis à des hiérarchies différentes coordonnées par le ministre le tout sur des cours d'appel et des régions administratives qui ne se recoupent pas.
- Dire le droit : le droit au pénal c'est préserver un équilibre entre des objectifs souvent contradictoires qu'illustre bien l'article 132- 24 du code pénal qui définit les fonctions de la peine.

Les équilibres internes à la Justice sont fragiles : l'administration pénitentiaire est rattachée à la Justice depuis un siècle, mais on pourrait imaginer des passerelles plus structurées avec les juridictions même si la nostalgie de la houlette de la Place Beauvau perdure chez certains. Les Parquets mettent en œuvre la politique pénale nationale mais ils la déclinent avec sans doute plus d'autonomie et de marge de manœuvre au niveau régional et local que ne peuvent le faire les responsables de la police et de la gendarmerie.

Trois données fondamentales caractérisent par conséquent ce qui rend actuellement le débat de fond difficile entre vous et la Justice à mes yeux :

1. la culture judiciaire, constituée depuis des siècles en France, mais aussi en Europe et dans toutes les démocraties, est fondée sur des principes et des valeurs intangibles : le débat contradictoire et public, le respect de procédures garantes des libertés individuelles, la loyauté des armes entre les

parties : c'est l'article préliminaire du Code de Procédure Pénale. Rien à voir, vous le comprendrez, avec la culture de la stratégie.

Je vais même sans doute vous surprendre : je pense que le rôle du juge c'est avant tout de respecter et de veiller au respect de ces principes. Ensuite vient la décision. Celle-ci sera juste ou pas, qui peut le dire ? Mais elle sera en tous cas illégitime si les principes que je viens d'énoncer n'ont pas été respectés. Et la collecte des données telle qu'elle est définie en l'état n'apporte pas grand-chose à ce sujet. L'évaluation, la vraie, le pourrait certainement. Mais c'est un autre sujet. D'où sans doute la distance qui perdure entre vous et la Justice.

2. En face, cette question récurrente de la culture de l'INHESJ qui fait problème sur le fond : dans son avant-propos au rapport annuel 2011 de l'ONDRP, M. Ventre affirme qu'il appartient à la structure qu'il dirige d'assurer « l'anticipation des menaces et des risques et la maîtrise des vulnérabilités, dans un contexte de crise globale et permanente [...] conditions majeures de la bonne résilience de nos sociétés ». Il ajoute que « l'accentuation des tensions économiques et sociales augmente les risques de dérive criminelle d'une partie de la société : l'état et les citoyens sont davantage exposés aux menaces criminelles de toutes sortes et l'éventualité de soulèvements ou de mouvements incontrôlés est plus prégnante. Et il conclut ainsi : « Les évolutions du crime, la nécessaire adaptation des réponses étatiques, mais également les incertitudes croissantes que connaît notre monde face à de nouvelles formes de menaces ou de risques, qu'ils soient environnementaux, économiques et sanitaires par exemple, exigent une réflexion en amont et surtout un lieu d'échanges, de partage des cultures, de formation et de connaissance. C'est le corollaire indispensable de l'action des services de l'état, des tribunaux et des cours, de tous les acteurs représentés au sein de l'institut, mais c'est également une nécessité pour ceux qui ont la responsabilité de concevoir et de mettre en œuvre les politiques publiques. Les travaux de l'INHESJ, en son sein ceux de l'ONDRP et en particulier le présent rapport annuel, participent à la production d'une meilleure connaissance des risques, des menaces et de la réalité criminelle ».

Je le dis de nouveau, comme l'Association Française de Criminologie l'a déjà dit à l'occasion à la fin de l'été dernier, de la publication du rapport Vallar sur lequel je ne reviendrai pas ici: ces références-là, cette culture-là, n'est pas celle de la Justice. Cette problématique-là n'est pas au cœur des missions de la Justice. La Justice n'est pas au service de l'ordre. Ce pourrait même être l'inverse.

Et ce malentendu perdure depuis quelques années, il me semble.

3. Enfin, la Justice est fragile et surexposée : ce sera ma troisième métaphore : attention à ne pas faire l'éléphant, car la Justice c'est de la porcelaine et de la porcelaine en vitrine : qui est mis en cause par l'opinion via les responsables politiques à chaque fait divers au motif que tout risque serait prévisible ? Ce contexte, entendez-le, n'est pas de nature à détendre le climat. Alors la Justice est corporatiste, archaïque, certainement. Mais ne vous trompez pas d'analyse : ses spécificités ne se réduisent pas à des « grumeaux » à dissoudre. Elles correspondent le plus souvent à des différences de nature et de missions fondées sur des enjeux de démocratie et de libertés et sur des équilibres extrêmement fragiles.

Je ne sais pas quel est l'enjeu actuel de votre conflit avec le Ministère de la Justice. Je n'ai que cette dépêche dont je déplore d'en avoir appris l'existence « par la bande ». Je ne peux pas prendre parti. Mais allez-y doucement s'il vous plaît : Je vous donne acte Mr Bauer de ce que l'ONDRP a gagné cette indépendance que vous revendiquez à juste titre vis-à-vis du Ministère de l'Intérieur (et non pas de « l'État » comme vous le dites curieusement dans votre avant-propos au rapport annuel que je viens d'évoquer). Il y a là un progrès considérable et profitable. Mais en ce qui concerne les juges, je vous assure, cette indépendance, elle est sacrément fragile.

Venons-en pour conclure au cœur du sujet tel que je l'avais compris : comment améliorer le système de données concernant la délinquance dans une perspective interministérielle ? Ma conviction sur ce sujet est sans faille et je n'ai rien à retirer à la tribune parue dans le Monde en août 2005, intitulée « Récidive, connaître pour agir », que j'ai signée, avec le président de l'AFC de l'époque, Philippe Pottier, Jean-Louis Senon, son vice-président, et Pierre Victor Tournier qui l'avait initiée. Elle se concluait ainsi : « Dans une société solidaire où le corps social se doit de réagir avec détermination quand l'un des siens est atteint, améliorer la connaissance scientifique sur ces questions est une obligation morale vis-à-vis des victimes des crimes et des délits et de leurs proches. C'est aussi la seule façon de rendre illégitimes les approches démagogiques et stériles qui nient la gravité de ces questions ou, au contraire les dénaturent à travers un discours sécuritaire dont le principal inconvénient, pour les victimes potentielles, est d'être inopérant ».

Après les problèmes de méthode que je viens d'évoquer entre ONDRP et Justice, abordons quelques questions « transversales » dont je pense que vous y avez déjà réfléchi mais qui à mon sens demeurent problématiques pour la Justice compte tenu de ses spécificités telles que j'ai tenté de les définir à l'instant :

Le recueil de données et de statistiques n'est pas une fin en soi. Ce qui est en cause ce sont les politiques publiques conduites à partir d'un diagnostic indépendant et des orientations prises démocratiquement avec les institutions et les citoyens au service desquels elles existent. Pourquoi faire remonter les données de tous les services vers le haut plutôt que de réfléchir dans chaque ministère à l'analyse des données sur le terrain – ou à un niveau intermédiaire entre local et central – pour permettre aux services et aux juridictions de mieux comprendre ce qu'ils produisent et d'échanger avec leurs usagers et leurs interlocuteurs institutionnels naturels ?

Pourquoi un tel partage des tâches entre « producteurs » et « analystes » de données ? J'entends bien que la démographie, la statistique sont des disciplines avec des savoirs et une réflexion éthique. Mais je peux dire qu'en tant que juge j'ai le sentiment de « produire » sans prendre part à l'analyse de l'amont et de l'aval de cette « production ». La centralisation par le haut de l'analyse des données n'emporte-t-elle pas un appauvrissement, un assèchement de ceux qui sont cantonnés « le nez dans le guidon » ?

J'ai parcouru votre rapport annuel 2011 : je suis allé voir ce qui était dit de deux domaines de délinquance sur lesquels vous annoncez votre intention de travailler et qui constituent mon quotidien : le trafic de stupéfiants et les vols de métaux. L'approche dont vous faites état, en rapport avec les services de police ou douaniers concernés est certainement intéressante pour mesurer comment quantitativement cette délinquance évolue. Mais qu'envisagez-vous de nous proposer pour appréhender la réalité de ces deux délinquances-là qui puisse nous aider à rendre des décisions à la fois justes et contribuant à prévenir la récidive ? Entre les trafics en bande organisée du Maroc à la Hollande, avec plusieurs « go-fast » et les multiples « trafics de fourmis » dans les cages d'escaliers des cités misérables de certaines petites agglomérations du Nord-Pas-de-Calais, indépendamment de ce qui les relient « fonctionnellement », comment trouver les « bonnes » réponses judiciaires sans autres données ? De même entre les trafics internationaux de métaux volés à grande échelle, et les voleurs de quelques mètres de rails sur des voies ferrées désaffectées ou de gouttières dans des bâtiments abandonnées, quoi de commun sinon l'opacité complète sur le travail fait auprès des « Cash Métal » et autres revendeurs sans lesquels cette délinquance-là serait en partie tarie ? Et quid de la sociologie minimale à mobiliser pour appréhender dans toute sa dimension le sens de cette délinquance-là sans la réduire à une dimension unique ?

Est-ce que la criminologie ce n'est pas cela aussi ?

Pour tenter de conclure et surtout ouvrir le débat sur ce « bilan et perspectives », je vais être honnête : je ne pense pas que la Justice aille bien. Elle est extrêmement cloisonnée et l'articulation des ses propres données entre juridictions, services de l'Administration pénitentiaire, n'est pas satisfaisante: elle commence juste à l'être un peu plus entre les chambres correctionnelles et les juges de l'application des peines.

Pour ma part j'ai le sentiment de naviguer à vue, et le fait de ployer sous les dossiers n'y est pas pour rien. Je n'ai pas non plus le sentiment que des politiques pénales soient réellement définies et soutenues aux audiences avec des priorités claires. Évidemment, toutes ces carences ou ces difficultés ne facilitent pas l'ouverture et le dialogue avec une structure nouvelle qui donne parfois le sentiment d'être trop sûre d'elle. Maintenant, encore une fois, je pensais que « ça avançait lentement ». J'apprends par surprise que tel n'est pas le cas. Peut-être allons-nous maintenant comprendre pourquoi ? En tous cas, mon intervention n'avait que ce but-là : contribuer à identifier les préalables à cette inter-ministérialité.

14

L'Observatoire national de la délinquance et des réponses pénales (ONDRP)

Bilan et perspectives (2)

7 février 2012 [1]

Table ronde

1. Contribution d'Hélène Franco

Hélène Franco est membre du Conseil national de campagne du Front de Gauche

Le Front de Gauche ne se situe pas à droit constant, et notamment à droit constitutionnel constant. Il milite pour un chamboulement institutionnel, le passage à une 6ème République par l'élection d'une assemblée constituante, dans la perspective d'une révolution citoyenne qui peut se résumer par les buts que nous poursuivons : partage des richesses, des pouvoirs, des savoirs. C'est donc sous l'angle de cette ambition politique et non sous un angle technicien, que j'entends aborder la question posée. Si nous pensons qu'il faut aux pouvoirs publics des moyens pour mieux connaître les différentes formes de délinquance et leur évolution, y compris sur un plan statistique, nous pensons que l'ONDRP n'offre pas les garanties scientifiques nécessaires pour ce faire. Incarné par un homme qui ne se cache nullement de sa proximité avec l'actuel président de la République, placé sous la tutelle du Premier Ministre, cet organisme ne jouit pas de l'indépendance indispensable à tout travail se voulant scientifique. Nous le remplacerons par une structure ayant une autonomie budgétaire et fonctionnelle qui intègre des

---

1. Référence : L'Observatoire national de la délinquance et des réponses pénales (ONDRP) : Bilan et perspectives, débat du 7 février 2012, organisé au Sénat par DES Maintenant en Europe, table ronde avec Fabien Jobard, Hélène Franco, René Padieu, Pierre V. Tournier, André-Michel Ventre et Gérard Moreau, *Arpenter le Champ pénal*, supplément au n°263-264, 27 février 2012.

chercheurs de l'INSEE, de différentes disciplines (sociologues, démographes, statisticiens...), mais aussi des professionnels tels que des journalistes, des criminologues, des urbanistes, des architectes, afin d'avoir une connaissance la plus fine, la plus diverse et la plus indépendante possible. Rappelons que l'INSEE a pu récemment faire preuve de suffisamment d'indépendance pour rectifier de la manière la plus ferme les affirmations fausses de l'actuel ministre de l'Intérieur quant à la contribution des enfants d'immigrés à l'échec scolaire total...

Il faudra également faire en sorte de faciliter les passerelles entre cet organisme scientifique sur les phénomènes de délinquance et des organismes aujourd'hui totalement délaissés tel que l'Institut des hautes études de la justice (IHEJ). Il faudra, dans le même temps, renforcer les services statistiques du ministère de la Justice qui permettent de rendre compte du fossé entre les chiffres policiers et la réalité judiciaire.

Le Front de Gauche souhaite à cet égard mettre l'accent sur deux aspects du fonctionnement de la police que nous entendons changer et qui ne seront pas neutres sur les statistiques :

- Rupture avec la politique du chiffre, gratification financière à la clé pour les commissaires de police, qui fait écran avec la réalité de la délinquance et oriente l'action de la police vers des infractions permettant d'augmenter le taux d'élucidation. Ex. : trois personnes interpellées en même temps en possession d'une petite quantité de cannabis peuvent faire l'objet d'une seule procédure ou d'une procédure chacune. Autre exemple : les faits d'outrages/rébellion qui représentent une bonne part des faits dont est saisie la justice, notamment la justice des mineurs, sont en augmentation et sont l'exemple même d'une infraction sitôt constatée, sitôt élucidée (du point de vue policier) et gonfle de manière utilitariste et sporadique les chiffres de la délinquance. D'autres priorités seront données par le Front de Gauche à l'activité policière qui sera réorientée vers les enquêtes longues et difficiles, par un renforcement des moyens de la police judiciaire. Nous proposerons, sur la base du volontariat, le rattachement d'OPJ aux juridictions par détachement pour mieux lutter contre la grande délinquance et la criminalité économiques et financières, les trafics internationaux de stupéfiants, la traite des êtres humains,...

- Le Front de Gauche entend lutter contre la marchandisation du secteur de la sécurité et redonner à l'Etat comme le disait le philosophe Max Weber « le monopole de la violence légitime ». Nous entendons encadrer strictement les prérogatives des polices municipales, ainsi que les fichiers de police (dont beaucoup devront être supprimés car trop généraux et ne répondant pas aux critères de spécialité), mettre fin au développement de la vidéo-surveillance... Ainsi, le tout récent « Observatoire des activités privées de sécurité », rattaché à Matignon et dont la présidence a été confiée à l'actuel président de l'ONDRP, verra son utilité remise en cause. Si contrôle il doit persister sur les entreprises privées de sécurité, il doit être exercé par le Parlement tout d'abord via une commission d'enquête et leurs prérogatives doivent être strictement limitées par la loi.

2. Contribution de Fabien Jobard

Sollicité pour apporter ma contribution – celle d'un chercheur du CNRS, directeur d'une unité mixte dépendant du CNRS, du ministère de la Justice et des Libertés et de l'Université de Versailles Saint-Quentin en Yvelines, je m'en tiendrai aux termes du débat organisé par Pierre Victor Tournier : le bilan de l'ONDRP, et les perspectives que laisse entrevoir ce bilan.

Le bilan de l'ONDRP est ambivalent : louable et faible. Louable, car l'ONDRP est parvenu à présenter un regard analytique sur des données, les statistiques des délinquances enregistrées, dont on avait fini par ne plus savoir que faire. Faible, en ce que, pour l'essentiel, l'ONDRP traite de données sur la fiabilité desquelles il n'a, comme il le constate avec la plus grande honnêteté, aucun contrôle.

Eclaircissons cette position partagée. L'ONDRP a su éclairer le débat public, en permettant une désacralisation de l'index 4001. La chose était entendue depuis des décennies : cet index qui agrège dans le plus grand désordre faits, procédures, victimes, auteurs, activité d'initiative policière et délits rapportés par des tiers, est sur le long terme le reflet des évolutions du droit et sur le court terme des aléas politiques. L'ONDRP a su répondre à l'insatisfaction générale soulevée par le chiffre de la délinquance constatée. Il offre une analyse exhaustive de l'index, tout en mettant en avant ses fragilités constitutives. Il traite de données alternatives, comme l'enquête nationale de victimation de l'INSEE. Enfin, il collecte des données dispersées dans tout un ensemble d'institutions (les atteintes déclarées par les sapeurs-pompiers, par les agents de la Poste, etc.), qui sans cet effort seraient condamnées à rester au chevet de leurs producteurs.

Pour autant, le bilan est décevant. La grosse part du travail propre de l'ONDRP est une somme de traitements conduits sur les statistiques administratives relatives à des faits transmis au Parquet par la Police nationale ou la Gendarmerie nationale. Ce traitement confine à l'exhaustivité : tout ce qui peut être tiré de ces données tend désormais à l'être. Mais c'est une exhaustivité gagée sur un fonds pauvre. La connaissance des actes, des personnes ou des lieux est sommaire. Les personnes sont décrites selon le sexe, la majorité (vs. minorité) et la nationalité ; les lieux sont les lieux d'enregistrement. Dans un effort de segmentation des problèmes inhérents à la statistique de police, l'ONDRP a créé le très utile agrégat des « infractions révélées par l'activité des services » (les stups, les outrages, les étrangers clandestins etc., soit un sixième du volume total enregistré). Mais la création de ce sous-ensemble ne peut faire oublier que l'institution productrice (le ministère de l'Intérieur) garde la maîtrise, à plus ou moins grande échelle selon les circonstances, les lieux, les infractions, etc., des enregistrements des autres délits. L'ONDRP a insisté, dans son dernier rapport, sur le caractère particulièrement erratique des données relatives à la délinquance économique et financière et aux escroqueries, mais la critique peut être étendue à l'ensemble des données policières, à des degrés variables (et difficilement objectivables sur la seule base de l'analyse des données – on sait que les données « ne sont pas bonnes », mais on ne sait jamais à quel degré). Au passage, on est surpris de voir un organisme déployer une telle attention critique sur ces données, et s'échiner à créer et promouvoir des instruments comme « Cartocrime », exclusivement fondés sur ces mêmes données.

L'enquête de victimation ne peut malheureusement compenser les défauts de la statistique administrative. D'une part, les changements introduits dans cette enquête (l'enquête CVS de l'INSEE) au milieu des années 2000 l'ont incité à se couper des enquêtes produites depuis le milieu des années 1990 (l'enquête EPCVM de l'INSEE) voire depuis le milieu des années 1980 (l'enquête CESDIP). Ainsi, après 8 ans d'existence, l'ONDRP n'affiche que 5 années de résultats, et l'on sait qu'une telle période est tout juste suffisante pour formuler des premières interprétations quant à l'évolution des phénomènes. D'autre part, et surtout, cette enquête CVS de l'INSEE dispose d'un échantillon trop maigre à l'échelle nationale, qui interdit toute fragmentation géographique, y compris à l'échelle administrative de la région. Ce défaut rend plus difficile qu'à l'accoutumée toute captation de ces victimations rares mais récurrentes dans le débat public : les violences caractérisées, les violences entre jeunes, les violences avec armes, etc. En aucun cas, donc, l'enquête nationale de victimation ne saurait se substituer à des données de police qui restent, l'ONDRP en convainc ses lecteurs chaque nouveau rapport annuel venant, par nature insatisfaisantes.

Un effort tout particulier a été ces dernières années fourni par l'ONDRP sur les « données administratives alternatives » que sont, par exemple, les enregistrements de la main courante informatisée. On ne peut que saluer cet investissement (pas moins de 38 pages dans le dernier rapport annuel), mais une exploitation approfondie place l'ONDRP devant une contradiction relative à ses missions, sur laquelle nous reviendrons.

L'ONDRP n'est pas en mesure d'apporter des réponses aux questions soulevées par la société. Donnons quelques exemples.

- L'on souhaiterait savoir si le rapport entre « faits enregistrés » (i.e. état 4001) et « faits consignés dans la MCI » donne à voir des volumes d'infractions ou de contentieux systématiquement sortis du système pénal ?

Cela n'est possible que depuis l'informatisation de cet outil, soit « progressivement depuis 2005 ». Toute constitution d'une série de plus longue durée impliquerait un travail de recherche, comme le font les historiens : saisie et codage de volumes de papiers. L'ONDRP, absorbé par sa mission première (traitement de l'enquête CVS et des statistiques de délinquance) ne peut pas produire cet effort. Il faut donc faire appel à la recherche universitaire.

- Dans le même ordre d'idées, l'on souhaiterait connaître l'effet de la réforme de la garde à vue sur l'élucidation. Cela nécessiterait, là encore, une recherche : la sélection d'unités de police judiciaire et l'examen à la fois statistique et ethnographique des pratiques. Pour l'heure, ce que l'ONDRP est seulement en mesure de faire consiste en l'établissement d'un ratio entre gardés à vue et mis en cause (quinze pages) : ratio fort intéressant, mais qui reste pris dans les limites de la statistique d'approvisionnement.

- L'on souhaiterait répondre à l'inquiétude qui a saisi la société lorsqu'un journaliste de l'AFP a avancé que 200000 gardes à vue étaient soustraites à la connaissance du public du fait de la non prise en compte des gardes à vue dites « routières » (i.e. pour l'écrasante majorité d'entre elles hors état 4001) ? L'ONDRP ne peut répondre, puisqu'il se borne au traitement des données 4001 et que l'enquête de victimation n'enregistre pas de tels événements, par définition. Tout autre dispositif demanderait un dispositif de recherche, à l'initiative de la communauté des chercheurs ou sur sollicitation, par appel d'offres ou appel à projets, dc son organe de tutelle ou plus directement de l'administration.

Et encore la recherche se bornerait dans tous ces cas au recueil échantillonné de statistiques administratives, complété par la connaissance ethnographique indispensable à la contextualisation des informations collectées. Inutile de souligner que tout un ensemble de questions ne peuvent passer que par la création de données nouvelles ; dispositif qui ne peut se concevoir que par le recours à la recherche scientifique. Quelles populations font l'objet de contrôles d'identité ? Quel est le coût du crime ? Le coût de la répression du crime ? Quel est le rapport entre victimation, peur de la victimation, sentiment d'insécurité et préférence électorale ?

Tout cela échappe au mandat de l'ONDRP. Il serait ridicule de lui en tenir rigueur. Mais c'est précisément sur cette ligne de crête que se situent le bilan de l'organisme et la perspective de son avenir.

Compte tenu de l'apport de l'ONDRP au débat public, assurer le traitement secondaire des données de victimation nationale (sans à nouveau changer les questionnaires) et des statistiques de délinquance enregistrée (sans changer là non plus brutalement le dispositif) est une mission utile. Dans ce cadre toutefois, il ne coûterait pas à l'organisme de restaurer les analyses de l'état 4001 sur la longue durée. On ne comprend pas bien quelle logique, si ce n'est d'auto-consécration de sa propre année de naissance, amène comme dans le dernier rapport annuel à faire débuter la plupart des séries en 2005 (quelques-unes en 1996, ou en 1999, ou en 2007), alors que cette statistique existe depuis 1972. Comme l'a montré *Economie et Statistique* n°426 (la revue de l'INSEE), raccorder l'enquête nationale de victimation aux enquêtes précédentes, pour offrir au public une sérialisation sur deux décennies, est possible tout autant. L'ONDRP prive là le public d'un recul dans le temps qui permet un tant soit peu de contrebalancer les défauts inhérents aux sources.

Etendre le mandat de l'organisme à d'autres sources primaires ou d'autres fichiers détails paraît aventureux. Les échanges avec les autres organismes, publics ou privés, ou avec les directions du Ministère de la Justice et des Libertés, qui permettent la publication de divers modules liés aux réponses pénales dans les rapports annuels, offrent matière à la publication d'informations solides dans le dernier rapport, sous le chapitre « réponses pénales ». Il est d'ailleurs relevé par tous les acteurs que la coopération entre l'ONDRP et les directions, y compris le service statistique ministériel du MJL, est satisfaisante.

Maintenir constant le périmètre d'activité de l'ONDRP est la seule voie qui permettrait, à terme, la réalisation de l'une des ambitions du rapport Caresche - Pandraud : l'intervention de l'organisme en amont de la collecte, afin de redéfinir progressivement et de façon consensuelle les modes d'enregistrement, en poursuivant un autre objectif que celui de la terre brûlée. On peut aisément imaginer qu'une maîtrise acquise au fil des années de la MCI, mais aussi le dialogue fructueux avec les directions opérationnelles, permettent le déploiement d'une telle boucle de production des statistiques administratives. Si l'ONDRP venait à contribuer à l'amélioration de la statistique administrative brute, n'aura-t-il pas satisfait au-delà de son mandat ? Mais, on l'aura compris, l'ONDRP ne saurait devenir producteur unique de connaissance, sauf à atrophier dramatiquement le savoir disponible à la société et aux politiques publiques. Dans un contexte de réduction des dépenses publiques, il est tentant pour le politique de considérer qu'un seul organisme sera moins onéreux, et susceptible de fournir une information plus claire et plus accessible.

Nous avons évoqué une demi-douzaine d'exemples qui suggèrent le contraire. L'inquiétude est vive du côté de la recherche publique de voir le politique céder à cette illusoire tentation. La dotation du CESDIP a été réduite d'un tiers à ma prise de fonctions, en raison – nous a-t-on dit – des besoins créés par les institutions nouvelles nées du décret de 2009.

La tentation d'économiser sur le dos de la recherche pour transformer l'ONDRP en monopole est périlleuse, et ce également pour l'ONDRP. Car la crédibilité de cet organisme est fondée sur la vitalité, à ses côtés, d'un secteur public de la recherche, seul apte à construire de nouvelles sources de connaissance (et de données), soulever de nouvelles questions et déployer des protocoles qualitatifs. Monopole, l'ONDRP serait rapidement frappé de discrédit. Qui aujourd'hui mieux qu'un centre de recherche, où travaillent des chercheurs protégés par la liberté académique constitutionnellement garantie, peut défendre la validité de ce que fait l'ONDRP, ou contribuer, par la critique, à l'amélioration de ses procédures ?

3. Contribution de René Padieu

Reformulation de mes propos et quelques commentaires complémentaires.

La question du chiffre unique

Comme plusieurs l'ont souligné, donner un chiffre unique n'a en général pas beaucoup de sens. On ne peut caractériser par une donnée simple un objet qui ne l'est pas. La statistique est en fait une technique pour simplifier ce qui est divers et le rendre saisissable : jusqu'où simplifier ? Prenons un autre exemple : les économistes parlent du « niveau général des prix ». Ceci n'existe pas : le prix des ordinateurs baisse, celui des loyers augmente, celui des carottes oscille.... Pourtant, il peut être utile, en analyse macro-économique d'avoir une mesure globale de l'inflation. En général, dans un objet complexe ou hétérogène, il faut des mesures distinctes de différents aspects ou composantes : ce qu'en particulier l'ONDRP fait. Tout dépend aussi de ce qu'il s'agit de faire : selon l'utilisation qu'on a en vue, un résumé ou plusieurs ou différentes façons de découper le phénomène seront plus ou moins pertinentes. Il faut donc partir de la question que l'on se pose. Ceci amène à la remarque suivante.

Définir la statistique selon les acteurs correspondants

Dès lors que la statistique doit éclairer l'action, elle doit être définie (concept, détail, fréquence, ...) au niveau de cet acteur, selon ce dont il a besoin. Il en va de même s'il s'agit d'observer ce qu'il fait. Je me rappelle un juge des enfants qui me montrait quelle statistique il tenait, à son initiative et indépendamment de ce que lui demandait la Chancellerie : elle lui servait à rencontrer le proviseur, le préfet, le maire, le commissaire, chacun arrivant avec ses chiffres, pour un échange opérationnel sur la délinquance locale, dont les jeunes étaient auteurs ou victimes. Et, lorsqu'on a affaire à un système étagé, où divers niveaux (service local, ministère, politique publique en général) ont chacun leur mission et leur logique, il faut faire en sorte que les diverses élaborations statistiques spécifiques de chaque niveau s'articulent : autour de variables communes mais compte tenu de leur besoin propre. La reconnaissance mutuelle de ces légitimités assure de surcroît une bonne coopération pour le recueil et la fiabilité des données. Pour partie, ces données résultent de l'activité même des différents agents du système ; pour partie, il faut les rechercher ailleurs : auprès d'autres organes collecteurs ou en lançant des investigations spéciales.

Que les données ou résultats soient utilisables par la recherche

Dire que la statistique doive être conçue suivant le besoin des différents acteurs englobe ici la recherche comme acteur aussi : un acteur médiat du système, puisqu'il n'a pas d'action à conduire, mais ses résultats feront retour d'une manière ou d'une autre (dans la loi, dans les structures administratives, dans les consignes, etc.). Par image, on pourrait faire un parallèle avec la médecine : un biologiste mène une recherche sur une bactérie ou sur une voie thérapeutique, tandis que le clinicien demande à un laboratoire de lui fournir en temps réel la formule sanguine ou l'examen par imagerie de son patient ; mais aussi, le chercheur s'alimente en données cliniques. Le chercheur n'a donc aucune qualité pour exiger que les acteurs lui livrent des données dont il détermine souverainement la nature et l'opportunité ; mais les acteurs ont, comme organes de l'action publique, le devoir de définir avec lui les données pertinentes et de les lui fournir.

Sur la "profondeur" des séries

Les chercheurs sont légitimement attachés à avoir des séries longues, pluriannuelles (voire séculaires) et se plaignent à bon droit des interruptions ou discontinuités dues à des changements de méthode. Mais, les acteurs, même s'ils ont souvent un horizon plus court, ont aussi (devraient avoir, en tout cas) le même souci de voir comment ce qu'ils font et ce qu'ils mesurent s'inscrit dans l'évolution. Quant aux statisticiens, qui aident à l'existence de ces séries, ils sont soucieux de cette continuité ; ils y veillent et même souvent ce sont eux qui freinent les innovations de méthode ou les changements de nomenclatures ou de formulation. Ils ont à arbitrer entre progrès technique et préservation de la comparabilité. Cela dit, les changements, notamment les interruptions, sont parfois commandés par des contingences telles que l'insuffisance des budgets. Notons aussi que des changements conceptuels viennent de la modification des cadres de la loi ou encore de l'émergence de problématiques sociales. Lorsqu'on est conduit à modifier l'instrument statistique pour s'adapter à ces changements exogènes ou pour moderniser l'outil lui-même – outre de le faire avec parcimonie comme il vient d'être dit – il convient de ménager la possibilité d'un raccord entre l'ancienne et la nouvelle série : avoir pour une date commune (si possible deux) une double exploitation des données dans l'ancien cadre et dans le nouveau.

L'indépendance

On peut être d'accord avec A. Bauer : le statut de l'organisme n'est pas essentiel pour l'indépendance d'un organe statistique tel que l'ONDRP. Cela dit, ça aide quand même : établissement public, on est plus à l'aise que département d'une structure telle qu'un ministère. La possibilité que le travail statistique ne soit pas dévoyé se joue à quatre stades : 1) la décision de faire ou d'interrompre une statistique ; 2) le recueil des données de base (là, comme le souligne A. Bauer et comme cela a été souvent énoncé par des chercheurs du CESDIP et d'autres, l'Observatoire est tributaire de ce que la police lui fournit) ; 3) le processus de traitement des données (en principe plus protégé d'influences dès lors que, par déontologie, le statisticien ou le chercheur s'interdisent d'être guidés par leurs options philosophiques ; mais, dans certains pays, on a vu des intimidations réussir à corrompre ce travail interne) ; 4) la diffusion des résultats, si le pouvoir politique arrive à les censurer.

Il est notable que l'INSEE, créé en 1946 au sein du ministère de l'économie, celui-ci étant ensuite absorbé par le ministère des finances, a pâti d'être soupçonné à cause de cette proximité, mais aussi a dû se battre pied à pied pour bâtir et préserver une indépendance qui n'était pas inscrite dans la loi. Ce n'est que récemment, lorsqu'a été révélé que les statisticiens grecs s'étaient laissé dicter des résultats mensongers pour permettre à la Grèce d'entrer dans l'Euro, que cela a conduit à une charte de bonne pratique européenne : qui énonce divers principes et des procédures de contrôle et en vertu de laquelle la loi française a créé une Autorité de la Statistique Publique. Auparavant, l'attachement collectif à cette valeur d'indépendance et la détermination des directeurs successifs ont été déterminants. Ce qui montre bien que le statut n'est pas décisif, mais que la pratique doit y suppléer. A l'inverse, un statut formellement indépendant n'exclut pas des influences (budget, nominations...). Les services statistiques des ministères sont moins abrités que l'Institut : les enjeux administratifs ou la communication politique du Ministre étant plus difficiles à contrer. Dans beaucoup de cas, l'intervention de l'Institut a été d'un grand secours. D'une manière générale, diverses menaces pèsent sur l'indépendance ; en sens inverse la préservation de celle-ci articule diverses formes de sauvegarde : droit formel, déontologie, pouvoir d'argumentation, mais aussi vigilance des sociétés savantes, de l'opinion et des médias [2].

Le champ couvert

Il est notable que, au cours de cette rencontre, il n'a quasi pas été question de la transformation de l'OND en ONDRP. Les trois premiers orateurs l'ont occulté, en restant à l'appréhension de la délinquance soit à travers la statistique policière ou d'autres institutions où les faits se constatent, soit par l'enquête de victimation. Seul Alain Blanc a au contraire abordé frontalement la question : en marquant pourquoi, du point de vue de la Justice, cette extension se trouve bloquée. Et, en continuité, la table ronde n'en a pas parlé. Ma lecture est que cette extension, inscrite dans les textes, est nécessaire par nature, mais ne se réalise que très progressivement à cause d'obstacles sociologiques constitutifs – en partie évoqués par Alain Blanc – dont on ne sait se saisir. Le phénomène délictuel ne se laissera analyser, mesurer et interpréter que si l'on prend en vue à la fois son amont et son aval.

Un délit est la violation d'une règle sociale. Il est donc constitué de deux éléments : un acte qui contrevient, mais d'abord l'adoption d'une règle. Or, celle-ci évolue : il faut donc non seulement maîtriser cette variation dans la mesure statistique, mais englober dans l'analyse la dynamique même de l'évolution de la loi. Beaucoup a été dit de la demande de sécurité, de ses racines dans la peur, la perte du lien social, etc., de sa résonance médiatique, de son instrumentation politique. Mais la prise en vue de cet « engendrement de la règle » demeure ponctuelle et en particulier, sa mise en perspective générale par la statistique manque.

En aval, le « traitement de la violation » demande à être aussi pris en compte : soit que l'infraction laisse les victimes et les institutions indifférentes, soit qu'elle soit repérée, instruite, éventuellement punie ; ou, qu'elle fasse retour sur la conception même de la règle. Dans cet aval, le traitement judiciaire est une partie essentielle. Il est donc logique qu'un observatoire de la délinquance couvre les suites données au constat d'une faute. Dans cette perspective, la substitution du terme « réponse » à celui plus bref et brutal de sanction demande à être questionnée : en quoi consiste cette réponse ? Mais, d'abord, à quel appel de la société répond le besoin de parler de réponse ?

---

2. J'ai eu l'occasion de retracer cette histoire lors d'un colloque organisé le 15 décembre 2008 par la Société Française de Statistique à la veille de la création de l'Autorité de la Statistique Publique. Voir http://www.sfds.asso.fr/116.Tables_rondes_et_debats_publics_organises_par_le_groupe_Statistique_et_Societe.

Mon interprétation de la difficulté interinstitutionnelle – que nous voyons – à étendre et articuler le champ de la problématique et de l'observation vient de ce que les institutions y sont assignées par la société (dans ses ressorts idéologiques et politiques) alors même que cette société refuse ce miroir d'elle-même. C'est ce déni de sa propre demande qu'il faudrait pouvoir lever.

4. Contribution d'André-Michel Ventre

Le lien qui associe l'Observatoire national de la délinquance et des réponses pénales (ONDRP) à l'Institut national des hautes études de la sécurité et de la justice (INHESJ) résulte du décret du 28 octobre 2009. Pourtant, les deux entités sont indépendantes l'une de l'autre en raison des dispositions de ce décret et, au surplus, leurs naissances et évolutions respectives le démontrent. L'INHESJ trouve son origine dans l'Institut des hautes études de la sécurité intérieure (IHESI) tandis que l'ONDRP trouve la sienne dans l'observatoire national de la délinquance (OND) dont le concept a été promu par le rapport Caresche/Pandraud. Dans le temps et à l'origine (1988) il y a l'IHESI puis, en 2004, apparaît l'Institut national des hautes études de la sécurité (INHES) et en 2006 l'OND. L'institut n'a pas été créé pour abriter l'OND et ce simple rappel historique le démontre. En reconnaissant cette réalité, et dans une perspective de refondation de l'ONDRP, il n'est pas nécessaire de faire disparaître l'INHESJ. D'autant plus que l'INHESJ a une légitimité au regard de ses missions et de sa construction.

a. Comment est apparu l'INHESJ ?

Une réponse double s'impose. L'INHESJ est né d'un rapport produit par la "commission BAUER".

Rapport dont le titre est : Déceler-Etudier-Former : une voie nouvelle pour la recherche stratégique.

La réflexion de cette commission est de rapprocher et de mobiliser les institutions publiques chargées de penser la sécurité globale (concept que l'IHESI s'était approprié). La seconde est que l'INHESJ porte l'héritage de l'IHESI déjà assumé par l'INHES. En effet, la paternité de l'IHESI est revendiquée sans restriction ni remise en cause.

b. Pourquoi a-t-il été créé ?

Il faut revisiter le passé et revenir sur les travaux de la commission Bauer de 2008. L'IHESI a été installé en novembre 1989. Sa mission [3] était :

- d'assurer la formation d'une session (de 60 auditeurs dont 27 commissaires divisionnaires) ;
- d'organiser des séminaires thématiques (sur la gestion de crise au profit des préfets) ;
- de conduire des travaux sur l'évaluation des politiques publiques sur le champ de la sécurité intérieure ;
- d'installer un groupe de travail sur la sécurité privée ;
- et d'organiser une session expérimentale sur les risques majeurs.

Un de ses objectifs était de rassembler, produire et valoriser les connaissances sur les problèmes de sécurité intérieure afin de favoriser l'instauration d'un débat réfléchi sur ces sujets. A cette fin il lui a été imposé de développer un programme d'études et de recherche afin de :

- mobiliser la communauté scientifique ;
- créer un réseau international ;
- constituer un pôle d'expertise sur les menaces à la sécurité intérieure ;
- participer à la modernisation du service public.

Les moyens humains alloués à ce programme ont été recrutés dans la police nationale et réunis au sein d'un département études et recherches [4]. L'institut se proposait également d'offrir des conditions de travail stimulantes aux chercheurs français et étrangers susceptibles de se consacrer à la sécurité intérieure.

Au cours de l'année 1990, l'IHESI a lancé deux appels à projet sur la territorialisation des services de police et sur l'émergence de politiques locales de sécurité.

L'IHESI disposait, à cette époque, d'un budget de fonctionnement de 10 millions de francs (+ 1,5 million d'euros) pour assurer ces missions. Dès le début, l'IHESI a créé une revue, *Cahiers de la sécurité intérieure*, et une lettre mensuelle de veille. Il est, au moment de sa création et jusqu'à sa transformation, un service du ministère de l'intérieur placé directement sous l'autorité du ministre de l'intérieur.

Lorsqu'il est créé en 2010, l'INHESJ s'inspire-t-il de l'IHESI ou le trahit-il ? En réalité il revient aux sources. La lecture du décret du 28 octobre 2009 montre que le nouvel institut reprend à son compte les 3 missions assignées à l'ancien en les désignant de manière claire : la veille ; les études et

---

3. Rapport d'activité pour l'année 1990 remis au ministre de l'Intérieur.

4. *Idem.*

recherches ; la formation. Ce décret formalise avec plus de précision les champs sur lesquels l'institut doit assumer ces missions. En cela, il précise l'acception donnée au concept de sécurité globale qui évolue à partir des travaux portés par le livre blanc sur la défense et la sécurité nationale de 2008 vers celui de sécurité nationale.

Pour les conduire il a été organisé et structuré afin de promouvoir une interdisciplinarité et une transversalité qui ne caractérisaient pas le fonctionnement de l'IHESI. Ainsi, 4 départements études et recherches ont été créés (Sécurité, Sécurité économique et protection des entreprises, Justice et droit, Risques et crises) auquel est agrégé l'ONDRP; lequel peut ainsi mobiliser les ressources de l'institut au profit de ses travaux. Un pôle formation est chargé de l'activité de formation de l'institut tant en ce qui concerne les deux sessions nationales que les sessions et formations spécialisées. Un pôle des affaires européennes et internationales a été créé pour développer le réseau avec nos partenaires européens et étrangers.

Disposant du statut d'établissement public national à caractère administratif, doté d'un conseil d'administration et d'un comité scientifique (instances qui faisaient défaut à l'IHESI), rattaché à la tutelle du premier ministre, il jouit d'une autonomie (voire d'une indépendance) qui garantit la qualité de ses travaux. Ainsi, dans une configuration plus aboutie à laquelle les fondateurs de l'IHESI aurait dû penser, l'INHESJ reprend à son compte, en les enrichissant, les objectifs de son prédécesseur.

c. Quelle est la valeur ajoutée de l'INHESJ ?

Elle tient à trois aspects qui sont au centre du débat un peu artificiel et peu objectif sur son existence et sur son utilité. Le premier concerne sa capacité à appréhender la sécurité dans sa globalité sans la limiter à une acception étroite et en l'associant à la Justice. Le deuxième provient de la préservation de son autonomie qui faisait totalement défaut lors de la construction de l'IHESI. Le dernier enfin montre que l'institut a une capacité d'attraction auprès des acteurs de la sécurité et de la justice mais aussi de tous ceux qui, au sein de la société civile, s'intéressent à ces problématiques. Cette capacité d'attraction est illustrée par l'activité de l'institut notamment dans sa mission de formation mais aussi dans sa mission de veille et dans celle des études et de la recherche.

Une déclinaison enrichie du concept de sécurité globale en lien avec la justice

Le décret du 28 octobre 2009 postule que l'institut intervient sur le champ de la sécurité intérieure, sanitaire, environnementale, économique et de la justice. Sur ces champs particuliers il peut conduire seul ou en coopération avec des organismes nationaux ou étrangers des études et des recherches. Il peut apporter son concours aux ministères et aux établissements d'enseignement supérieur et de recherche. En liaison avec le ministère de l'enseignement supérieur, il contribue à promouvoir les enseignements universitaires portant sur les thématiques de sécurité intérieure, sanitaire, environnementale, économique, de droit et de justice. L'arrivée de ministères aussi importants que celui de la Justice, mais aussi celui de l'éducation nationale, de la santé publique, de la défense, de l'environnement, de l'économie, des affaires étrangères, de la ville permet une appréhension très large du concept de sécurité globale ou nationale avec l'assurance d'un débat enrichi. L'intégration de l'institut d'étude et de recherche sur la sécurité des entreprises (IERSE), conçu et mis en œuvre par Remy Pautrat en 1996, a également contribué à l'enrichissement du champ d'observation et de compétence de l'INHESJ. Il convient de rappeler que la question de la sécurité économique et de la sécurité des entreprises avait été au cœur des travaux de l'IHESI sur l'intelligence économique. Enfin il illustre par une proximité et, pour un certain nombre de colloques et séminaires communs, une coopération fructueuse avec l'IHEDN pour la promotion d'un continuum sécurité/défense dans la coproduction de sécurité.

Un statut lui garantissant une autonomie réelle

Afin de lui permettre de développer son action le statut d'établissement public national à caractère administratif lui a été conféré. La tutelle est assurée par les services du premier ministre, en l'occurrence le secrétariat général pour la défense et la sécurité nationale (SGDSN). Ce positionnement auprès du premier ministre témoigne du caractère interministériel de son action et en assure la garantie. Il est administré par un conseil d'administration composé de représentants des administrations et de personnalités privées et publiques intervenant sur les champs d'attribution de l'institut. Il comprend également des élus nationaux et territoriaux. Un comité scientifique composé essentiellement de chercheurs et d'universitaires, à l'exception de deux magistrats, a été installé et fonctionne. La revue, *Cahiers de la sécurité*, labellisée par l'agence d'évaluation de la recherche et de l'enseignement supérieur (AERES) est dotée d'un comité de rédaction et d'un comité scientifique international. Un règlement intérieur de la rédaction de cette revue a été édicté ; il est mentionné dans chaque numéro trimestriel. L'institut est dirigé par un directeur et deux directeurs adjoints dont un magistrat. L'article 11 du décret règle sans ambigüité les relations de l'institut avec l'ONDRP. L'observatoire dispose d'un conseil d'orientation seul responsable de la détermination de sa politique.

Une attractivité illustrée par son activité

En 2010, l'INHESJ a formé 987 auditeurs. L'année 2011, avec 1 201 auditeurs formés, marque une progression notable de son rayonnement. Son projet d'établissement (conforté par un contrat d'objectif et de performance avec la tutelle) pose clairement les enjeux. Chaque formation est conçue autour d'un projet pédagogique au bénéfice de l'approfondissement d'une problématique d'actualité sur la sécurité et la justice. Les groupes de diagnostic (GDS) au nombre de 6 par session (concept utilisé par l'IHESI repris par l'INHES puis par l'INHESJ) s'approprient des sujets qui sont sélectionnés avec le concours du comité scientifique. Les travaux sont versés au fond documentaire de l'institut et peuvent être consultés. Chaque GDS est guidé par un tuteur, auditeur d'une précédente session. Ces groupes jouissent d'une totale liberté en ce qui concerne la rédaction de leur rapport et le choix des personnalités à solliciter au sein du monde universitaire, scientifique ou administratif. Les auditeurs font l'objet d'une sélection transparente à partir d'une procédure qui est inscrite dans le règlement intérieur de l'institut. Cela marque un progrès remarquable par rapport au passé. Force est de constater que les candidatures sont, d'une année sur l'autre, plus nombreuses. Une part importante est faite à la société civile afin de décloisonner le champ de la sécurité comme celui de la justice et permettre à des professions, en apparence peu intéressées à la sécurité et à la justice, de venir explorer, au contact des acteurs institutionnels, les problématiques qui caractérisent ces domaines particuliers.

Au moment de la création de l'IHESI, la moitié de la session était composée de commissaires divisionnaires. Aujourd'hui, ils représentent 18 % de la session. Ainsi, la vocation de l'institut (à l'origine de la création de l'IHESI) de faciliter l'appropriation des savoirs utiles pour la compréhension des enjeux de la sécurité et de la justice par des acteurs composant la société civile et la connaissance, chez les acteurs institutionnels de la sécurité et de la justice, des approches et des attentes de la société civile concernant ces mêmes sujets est respectée. Les travaux de recherche, les études et la veille que l'INHESJ accomplit alimentent naturellement toutes les formations.

En conclusion, l'institut a un rôle et une utilité qui ne sont plus à démontrer. Ils sont exactement les mêmes que ceux qui étaient assignés à l'IHESI en son temps. Aux yeux de ses membres et de ses auditeurs la présence de la justice est un progrès considérable et remarquable parce qu'elle est un pilier essentiel de la démocratie et qu'elle apporte un éclairage indispensable à la compréhension des problématiques de sécurité. La question des perspectives offertes à l'institut est, par nature, ouverte en permanence. Elles peuvent, évidemment, être réorientées selon les priorités retenues par le gouvernement de la France. La suppression de l'INHESJ, compte tenu de ce qui vient d'être montré, serait préjudiciable. Qui pourrait, à l'instar de ce qui avait été demandé à l'IHESI et que l'INHESJ s'est approprié, organiser un débat raisonné et apaisé sur les problématiques de sécurité et de justice au profit des acteurs publics et privés engagés sur ces champs et avec eux ? Des mesures moins radicales que la suppression peuvent être privilégiées. Y compris s'agissant de l'ONDRP dont l'indépendance est garantie à la fois par le décret du 28 octobre 2009 et par les pratiques de gestion mises en œuvre par le conseil d'orientation (COR), le CA et la direction de l'institut avec l'appui de la tutelle.

La présence de l'observatoire au sein de l'institut dispense l'Etat de devoir trouver des ressources particulières pour les fonctions de soutien (budget, gestion ressources humaines, logistique etc..) qui sont mutualisées. Et cela n'affecte en rien son indépendance tout en allégeant la pression sur les finances publiques. En fait, telle qu'elle est posée, la question de l'indépendance de l'ONDRP et celle posée sur l'utilité de l'institut renvoient à d'autres enjeux (peut-être personnels) pour lesquels aucun débat raisonné ne peut pas apporter de réponse.

5. Contribution de l'un des auditeurs présents, Gérard Moreau

Gérard Moreau est conseiller maître honoraire à la Cour des Comptes. Il a été à la tête de la Direction de la population et des migrations (DPM).

Dénombrer la délinquance : pourquoi, comment ?

La délinquance, la sécurité des personnes et des biens, autant de notions complexes mais sensibles dans l'opinion et dans les médias : les faits divers attirent les lecteurs, ils provoquent une émotion, souvent forte, que l'horreur, le sexe ou l'argent attisent. Et les raconter n'a pas besoin de longs discours, quelques mots, un titre, une photo suffisent. Ou un chiffre. Les chiffres font aujourd'hui partie du paysage médiatique : dans leur brièveté, ils touchent, choquent ou semblent exprimer, de manière factuelle, la réalité. Les indices font désormais partie de la communication.

Chiffrer la délinquance est donc un bon moyen de traduire médiatiquement l'émotion, d'une manière qui paraît « objective » : c'est une statistique qui parle, et qui garantit les médias de leur mise en cause ou de la méfiance qu'ils encourent. Mais comment chiffrer « la délinquance » ? Existe-t-il un outil neutre et « objectif » ? Telle, en tout cas, a été l'ambition affichée de la création de l'ONDRP, avec des formulations extensives quant à ses missions, à l'occasion ou en concordance avec la transformation de l'INHES auprès du ministre de l'Intérieur en INHESJ auprès du Premier Ministre.

Le colloque du 7 février 2012 organisé par l'association DES Maintenant en Europe, animée par Pierre Victor Tournier, a été l'occasion d'une confrontation intéressante mais nécessairement un peu désordonnée, entre différentes parties prenantes du sujet traité, notamment, par l'ONDRP. Un spectateur pourrait en ressortir avec trois impressions, la réalité d'un président du conseil d'orientation sûr de lui et de son rapport, fortement médiatisé avec l'appui du ministre de l'intérieur qui le présente, mais fruit d'un travail important d'une petite équipe, l'incompréhension mutuelle et l'inaboutissement aujourd'hui dans la relation de l'observatoire avec le ministère et le monde de la justice, l'incomplétude de l'analyse des données, voire de leur collecte, notamment en relation avec le « reste du monde », chercheurs et autres statisticiens qui traitent ou pourraient traiter du même sujet.

En réalité, on pourrait regrouper les questions évoquées en quatre domaines : que penser des statistiques de police et de gendarmerie, que penser des enquêtes de victimation, comment utiliser, ou non, les statistiques des condamnations pénales, comment situer l'ONDRP, d'une part entre les ministères, d'autre part, parmi d'autres entités de statistiques, d'études ou de recherches.

A la base, les statistiques de police et de gendarmerie : l'état 4001. L'état 4001 rempli par les services est la source des statistiques sur « la délinquance ». Il n'est pas rempli de la même manière par la gendarmerie et la police (qualification pénale des infractions, au moment du dépôt de plainte, ou nomenclature spécifique) ; sa totalisation fournit les données. C'est aujourd'hui l'élément principal de la statistique publiée dans le rapport annuel de l'ONDRP. Son analyse critique n'est plus à faire ; la principale est qu'il reflète l'activité des services et leur diligence tant de fond que pour le remplissage de l'état. On ajoute le plus souvent qu'il n'est pas possible de faire autrement, que seuls les services peuvent l'établir et donc que la qualité de la source repose sur eux, et avec elle l'indépendance réelle du producteur de chiffres.

Ce constat ne saurait convaincre. On ne saurait mélanger en effet la source de l'information et la méthode de sa collecte. Or l'une et l'autre appartiennent aux mêmes services. Il serait sans doute préférable de disjoindre la source, l'enregistrement du dépôt de plainte ou de l'ouverture d'une enquête, nécessairement par les services, de sa collecte et son traitement qui pourraient être réalisés par un service statistique distinct, et indépendant. Celui-ci pourrait opérer un contrôle interne de la fiabilité des données recueillies, selon les zones ou les instructions ministérielles ou hiérarchiques dont l'objet, parfaitement compréhensible, est de guider l'action des services, avec des effets statistiques qui interfèrent, selon les périodes, avec l'information générale recherchée sur les effets délictueux.

Autrement dit, il ne devrait pas appartenir aux services gestionnaires de produire une statistique. Cette production reviendrait à un service expert, susceptible de leur fournir des données fiabilisées. C'est ainsi que l'on opère pour la plupart des sources : à l'INSEE, et ses partenaires qui sont des services statistiques, de traiter les sources administratives et de tenir les statistiques sous-produits de l'activité administrative. Quitte à les recroiser par des enquêtes par sondage, ne serait-ce que pour valider certaines données fragiles. Autrement dit, quelle organisation statistique pour le ministère de l'intérieur ?

Les enquêtes de « victimation »

Il est aujourd'hui bien établi qu'il existe une « boucle » entre le sentiment d'insécurité, les faits qui engendrent ce sentiment, les infractions perpétrées, les infractions signalées, les plaintes enregistrées, les enquêtes ouvertes, les procédures judiciaires enclenchées, leur aboutissement par une décision et leur exécution. La chaîne pré-pénale et la chaîne pénale sont longues et très inégalement documentées, notamment dans le temps pour saisir des évolutions un tant soit peu structurelles. L'explication ou les corrélations entre les éléments de cette chaîne et des données extérieures, sociologiques notamment mais pas seulement, sont également à renseigner, en principe. Les enquêtes de victimation, de diverses sortes (on peut penser à celles que mène aussi le ministère de la justice) ont été enrichies par celles lancées, depuis 2007, par l'INSEE et l'ONDRP. Leur objet est d'éclairer un des maillons de la chaîne pénale, certainement pas de recouper une statistique de faits pénaux constatés, tant la distance est variable entre la déclaration d'un fait ressenti personnellement et l'enregistrement d'une plainte, selon la nature du fait commis, qui n'est pas seulement sa gravité. Il est de fait, par ailleurs, que dans ce domaine l'analyse de séries longues doit venir consolider les productions annuelles, nécessairement contingentes en fonction d'évènements plus ou moins marquants, tels qu'ils sont répercutés par les médias. De même les enquêtes nationales devraient être enrichies, fût-ce plus ponctuellement, par des travaux localisés selon différents paramètres (ruralurbain, ZUS ou petite commune, etc..). La création de l'ONDRP a, sur ce point, apporté un plus, cadeau de naissance pourrait-on dire, même si le prix de ce cadeau, en termes de compensation sur d'autres budgets, question à évoquer, est mal connu.

Les statistiques des condamnations pénales

Depuis très longtemps, le ministère de la justice établit et publie les chiffres annuels de l'activité et des décisions judiciaires, classées dans le domaine pénal, selon la nature des infractions relevées. Lesdites statistiques sont établies par un service spécialisé de la chancellerie, disposant de statisticiens qualifiés et dirigé par un administrateur de l'INSEE. Rien n'est dit des contacts établis techniquement avec lui ; le rapport annuel de l'ONDRP ne devrait pas passer sous silence l'existence de ces données, qui posent elles aussi des questions de fiabilité quant à la collecte, compte tenu des logiciels de gestion implantés dans les juridictions, mais pas quant au contenu de l'information de base, s'agissant de décisions judiciaires.

On ne peut que se demander pourquoi l'ONDRP n'utilise pas ces chiffres pour en faire un commentaire, voire une corrélation dans le temps avec les statistiques de police. La tâche n'est pas aisée, mais c'est précisément la mission d'un observatoire que de rapprocher, voire comparer des sources différentes. Cette « absence » pose la question du positionnement de l'observatoire.

Statut et positionnement de l'ONDRP

L'ONDRP a une histoire qui n'est évidemment pas terminée. Il est difficile de nier que la transformation opérée par le décret de 2009 de l'INHES en INHESJ, placé auprès du Premier ministre, avec la nomination d'Alain Bauer à la tête du conseil d'orientation de l'ONDRP, a été opérée sous l'inspiration d'une vision des choses propre au ministère de l'intérieur et sans la participation « sociologique » du ministère de la justice. Le rattachement gestionnaire de l'observatoire à l'INHESJ, sans que la direction de cet institut se sente réellement concernée autrement que comme système porteur, était sans doute raisonnable techniquement (pourquoi multiplier de petites structures ?), mais symboliquement, ce rattachement a confirmé l'appréciation faite au sein du monde judiciaire, du reste en butte à de nombreuses critiques venant de l'exécutif et qui, de toutes manières, a toujours eu du mal à exercer son autorité sur la police judiciaire.

La filiation de l'ONDRP a donc été ressentie comme un signe supplémentaire de méfiance par le monde judiciaire. La rupture socio-psychologique initiale n'a pas été prise en compte dans la gestion et le développement de l'ONDRP et les « torts » étaient évidemment partagés. D'autant que l'intérêt d'un observatoire de synthèse, cherchant à rassembler les sources et à les améliorer n'était pas contestable.

Il est de fait néanmoins, d'une part, que le ministère de l'intérieur s'est « défaussé » sur l'observatoire du traitement de l'état 4001, en continuant de se passer d'un service statistique réellement structuré, accentuant ainsi l'impression de dépendance de l'ONDRP, d'autre part, qu'absorbé par cette tâche et par le développement de son enquête de victimation, l'ONDRP n'a pas pu travailler sur d'autres sources, même au-delà des statistiques pénales du ministère de la justice, notamment sur l'ensemble de la chaîne pénale, mais aussi dans les domaines plus sociaux souvent rapprochés de la genèse de la délinquance.

Le texte fondateur de l'ONDRP l'a défini de manière ambitieuse, extensive, dans une rédaction souvent ressentie comme monopolistique. De surcroît, son président n'était évidemment pas une figure incontestable et ressentie comme neutre sur un sujet dont la sensibilité est certaine. Du même coup, l'ONDRP n'a pas pu ou su se rapprocher d'autres chercheurs ou laboratoires.

Les moyens disponibles pour la statistique et les recherches sont souvent invoqués à ce propos et la question se pose incontestablement : la création de l'observatoire a-t-elle contribué à assécher les ressources d'autres centres travaillant sur le même sujet, notamment au ministère de la justice ? Pourtant, la question d'un travail en commun ou un tant soit peu coordonné apparaît en préalable : la recherche suppose une bonne dose d'indépendance de la part des chercheurs, mais aussi l'organisation de la communication des travaux, en confiance. Celle qui semble manquer aujourd'hui. Quelques conclusions paraissent s'imposer : il y a des producteurs de données d'activité et de gestion, qui sont les acteurs de la lutte contre la délinquance ; ces données servent au pilotage de l'action, en principe ; c'est la tâche des ministères que de les collecter à cet effet : autrement dit, un ministère ne peut pas se passer d'un service statistique professionnel.

Les données, sous-produits des services actifs de la police et de la justice, ne suffisent pas à observer la « délinquance » ; d'autres moyens d'étude, d'enquêtes, de recherche doivent exister. Et ils ne peuvent être monopolisés. Pour autant, un observatoire indépendant peut être développé, si son statut l'organise comme tel et si ses organes dirigeants en ont l'apparence ; en tout cas, en tant que lieu de confrontation et de croisement d'analyses et de données, il se justifierait certainement. Il n'apparaît pas que l'ONDRP remplisse aujourd'hui suffisamment ces conditions.

6. Conclusion Pierre V. Tournier

DES Maintenant en Europe se réjouit d'avoir pu organiser ce débat républicain. Au nom de l'association, je remercie l'ensemble des protagonistes d'avoir accepté notre invitation et d'avoir débattu dans le respect des uns et des autres. Le devenir de l'ONDRP sera, en mai prochain, dans les mains du nouveau Premier Ministre dont l'Observatoire dépend directement depuis le 1er janvier 2010. Ce qui a représenté une avancée significative, tout comme fut une avancée l'extension de son champ de compétence à l'ensemble du processus pénal et l'intégration – même difficile et à peine engagée – des « réponses pénales » (transformation de l'OND en ONDRP)[5]. Les perspectives de l'Observatoire dépendront nécessairement du résultat de l'élection présidentielle. Même si notre association n'est pas neutre politiquement et s'inscrit, explicitement, dans la mouvance de la social-démocratie européenne, ses adhérents ont des sensibilités diverses. Sur l'ONDRP, comme sur d'autres sujets, leurs analyses peuvent diverger, et je me dois d'en tenir compte, même si à titre personnel, je me suis souvent exprimé sur ces questions[6], tentant d'agir sur l'évolution de l'OND, depuis sa création, dans le sens du rapport Caresche-Pandrau[7]. C'est, d'ailleurs ce que je continuerai à tenter de faire.

Cette réunion, placée sous la présidence de Jean-Pierre Sueur, président de la commission des lois du Sénat, que je remercie chaleureusement, aura-t-elle été utile ? Nous verrons bien ... Mais laissez-moi m'éloigner du sujet – du moins en apparence – laissez-moi faire un petit retour en arrière. Le 25 juin 2005, DES Maintenant en Europe, qui n'était alors qu'un club informel organisait la 1ère réunion publique sur « Le *numerus clausus* pénitentiaire », avec Bernard Bolze qui allait lancer, avec notre soutien, la campagne nationale « Trop, c'est trop. Une place, un détenu », le 16 janvier 2006 à l'Hôtel de ville de Lyon. Une seconde réunion était organisée, sur le même thème, par DES Maintenant, le 10 septembre 2005 sous la présidence de Jacques Floch député (PS) de Loire-Atlantique. A l'exception de Christine Boutin et d'Etienne Pinte, la droite était opposée au *numerus clausus* pénitentiaire. Je me souviens de Pascal Clément, Garde des Sceaux, déclarant, devant Christine Boutin qui venait de défendre l'idée, qu'il s'agissait d'une « idiotie ». C'était à l'occasion d'une des rencontres parlementaires sur les prisons. M. Clément fut, fort justement, hué par la salle. A l'autre bout de l'échiquier politique, des organisations comme l'OIP y étaient tout aussi hostiles. Quelques abolitionnistes de la prison ont même osé parler, à propos de Bernard Bolze et de la campagne qu'il a menée avec l'énergie qu'on lui connait, de « militantisme de pacotille ». A gauche, les parlementaires socialistes ne se bousculaient pas non plus pour défendre le *numerus clausus* pénitentiaire comme le faisait, avec compétence, Jacques Floch. Ainsi Robert Badinter y était opposé, au nom de l'égalité de tous devant la loi. Idiotie hier ? Loi de la République demain ? Comme vous le savez, le principe du *numerus clausus* pénitentiaire a été adopté par le Sénat,

---

5. Rappelons, tout de même que, depuis quelques années, le rapport annuel de l'OND puis de l'ONDRP comprend un chapitre « Réponses pénales » auquel j'ai contribué, pour une bonne part, aux côtés de mes collègues statisticiens du Ministère de la Justice.

6. Tournier P.V., « Vers un observatoire national de la délinquance et des réponses pénales » (31 juillet 2008), *in La criminalité en France. Rapport de l'Observatoire national de la délinquance 2008*, CNRS Editions, 2008, 665-672.

7. Caresche, Pandraud, op. cit.

le 1er février 2012, à l'occasion du projet de « loi de programmation sur l'exécution des peines ». L'expression retenue fut celle de « mécanisme de prévention de la surpopulation pénitentiaire ». Vote évidemment sans conséquence pratique, pour le moment, compte tenu de la composition partisane de l'Assemblée nationale. En novembre 2010, une proposition de loi, allant dans ce sens, avait été déposée, à l'Assemblée nationale, par Dominique Raimbourg (député socialiste). D. Raimbourg a été suppléant de Jacques Floch qu'il a remplacé à l'Assemblée nationale lorsque ce dernier entre dans le Gouvernement Jospin le 4 septembre 2001. Il a été élu en juin 2007. Il est membre fondateur de DES Maintenant en Europe. Votée par l'ensemble des députés de gauche et les Verts, sa proposition fut rejetée par la majorité UMP. Idiotie hier ? Loi de la République demain ?

DES Maintenant en Europe continuera à apporter sa (modeste) part au débat sur les questions de sécurité et de justice, l'association « agissant, dans son champ de compétence, pour favoriser la mise en œuvre politique, résolument réformiste, des réflexions de ses membres, de leur action sur le terrain, de leur engagement de citoyen » (art. 3 des statuts).

Pierre V. Tournier

Président de DES Maintenant en Europe

III

VERS UN OBSERVATOIRE DE LA RÉCIDIVE *AD'HOC*

2012 – 2014

Chronologie

2013

16 janvier 2013 – Stefan Lollivier, inspecteur général de l'INSEE, est nommé président du Conseil d'Orientation de l'ONDRP, par arrêté du Premier Ministre. Il succède à Alain Bauer qui a démissionné de cette fonction après la nomination de Manuel Valls, ministre de l'Intérieur.

23 janvier 2013 – Dominique Raimbourg, vice-président de la Commission des Lois de l'Assemblée nationale, dépose le rapport de la mission qu'il a présidée : « Penser la peine autrement : Propositions pour mettre fin à la surpopulation carcérale » [1].

14 et 15 février 2013 – Paris, Maison de la Chimie, auditions publiques de la conférence de consensus sur la prévention de la récidive.

20 février 2013 – Françoise Tulkens, présidente du jury de la conférence de consensus sur la prévention de la récidive remet ses conclusions à Jean-Marc Ayrault, Premier Ministre [2].

23 avril 2013 – Appel, lancé à l'initiative de Pierre V. Tournier, à l'attention de Jean-Marc Ayrault, Premier Ministre, « Pour une réforme progressiste de la justice pénale : il n'est plus temps de consulter, il est grand temps d'agir ».

24 avril 2013 – Jean-Yves Le Bouillonnec, vice-président de la Commission des Lois de l'Assemblée nationale, dépose son rapport sur « La

---

1. Raimbourg R. et S. Huyghe S., *Penser la peine autrement : propositions pour mettre fin à la surpopulation carcérale*, Assemblée nationale, Commission des lois, rapport d'information, n° 652, janv. 2013, 197 p.

2. Collectif, Conférence de consensus pour une nouvelle politique publique de prévention de la récidive, principes d'action et méthodes, rapport du jury de consensus au Premier Ministre, 20 févr. 2013, 38 p.

mesure statistique des délinquances et de leurs conséquences ». Un service statistique ministériel (SSM) sera créé au ministère de l'Intérieur [3].

25 août 2013 – Christiane Taubira présente son projet de loi sur la prévention de la récidive et l'individualisation des peines à l'université d'été du Parti socialiste à La Rochelle. La Ministre confirme la création d'une « peine de probation, [...] en milieu ouvert, restrictive de liberté que nous appelons la contrainte pénale » et d'un « dispositif de libération sous contrôle et sous contrainte ». La Garde des Sceaux annonce qu'elle va « installer le mois prochain un observatoire de la récidive, afin de disposer des outils fins pour mesurer le phénomène ».

30 août 2013 – Interview de François Hollande dans *le Monde :* « Les peines planchers, je les ai contestées pour leur caractère automatique et leurs conséquences. Non seulement elles sont contraires au principe d'individualisation de la sanction, mais, loin d'empêcher la récidive, celle-ci a triplé de 2004 à 2011 » (sic).

31 août 2013 – Après une réunion à l'Elysée, en présence de Manuel Valls et de Christiane Taubira sur les arbitrages concernant le projet de loi sur la prévention de la récidive et l'individualisation des peines, Jean-Marc Ayrault annonce les principales mesures de la réforme pénale : contrainte pénale, libération sous contrainte, suppression des peines « plancher » et autres automatismes, etc.

18 septembre 2013 – Communiqué de Pierre V. Tournier, « Pour observer les délinquances, les réponses pénales et leur efficacité, il faut renforcer l'ONDRP », 18 septembre 2013.

9 octobre 2013 – Christiane Taubira, Garde des Sceaux, présente son projet de loi sur la prévention de la récidive et l'individualisation des peines, devant le Conseil des Ministres [4].

2014

29 janvier 2014 – Christiane Taubira procède à l'installation du Conseil national de l'exécution de la peine. Ce conseil, animé par la Garde des Sceaux « a vocation à faire comprendre à la société quel est le sens de la peine et comment on l'exécute ».

---

3. Le Bouillonnec J-Y, Quentin D., *Rapport d'information en conclusion d'une mission d'information relative à la mesure statistique des délinquances et de leurs conséquences*, Commission des Lois de l'Assemblée nationale, n°988, avril 2013, 216 p.

4. Ayrault J.-M., Taubira Ch., *Prévention de la récidive et individualisation des peines, Assemblée nationale*, Commission des lois, projet de loi n°1413, 9 octobre 2013, 123 p.

31 mars 2014 – La Garde des Sceaux installe la commission de refonte du droit des peines, présidée par Bruno Cotte, ancien président de la chambre criminelle de la cour de cassation et Président de Chambre à la Cour pénale internationale. Cette commission « permettra d'examiner à la fois des questions techniques et des questions de fond (mesures de sûreté par exemple) mais aussi de réviser l'ensemble du droit de l'application et de l'exécution des peines, dans un souci de simplification, de lisibilité et d'accessibilité ». Elle devra rendre ses conclusions fin 2015.

23 avril 2014 – Publication de l'avis du Contrôleur général des lieux de privation de liberté au JORF, relatif à l'encellulement individuel dans les établissements pénitentiaires.

19 mai 2014 – Appel de Mai « Réforme pénale : pour un large consensus républicain ».

27-28 mai 2014 – Discussion du projet de loi sur la prévention de la récidive et l'individualisation des peines par la Commission des Lois de l'Assemblée nationale. Après amendement, le projet est adopté par la commission. Principal amendement : la contrainte pénale est applicable à tous les délits.

5 juin 2014 – Début de la discussion, en séance publique à l'Assemblée nationale du projet de loi sur la prévention de la récidive et l'individualisation des peines.

10 juin 2014 – L'Assemblée nationale adopte le projet de loi sur la prévention de la récidive et l'individualisation des peines, renommé « loi tendant à renforcer l'efficacité des sanctions pénales », par 328 voix contre 231. Art. 8 : « *Art. 131-4-1.* – Lorsque la personnalité et la situation matérielle, familiale et sociale de l'auteur d'un délit puni d'une peine d'emprisonnement et les faits de l'espèce justifient un accompagnement socio-éducatif individualisé et soutenu, la juridiction peut prononcer la peine de contrainte pénale [...]. « Pour les faits commis avant le 1er janvier 2017, la contrainte pénale prévue à l'article 131-4-1 du code pénal n'est applicable qu'aux délits punis d'une peine d'emprisonnement n'excédant pas cinq ans ».

17-18 juin 2014 – Discussion par la commission des lois du Sénat sur le projet de loi, adopté par l'Assemblée nationale en première lecture, tendant à renforcer l'efficacité des sanctions pénales. Après amendements, le projet est adopté par la commission. Principal amendement : sur le champ de la contrainte pénale, sans remettre en cause le compromis trouvé à l'Assemblée nationale quant à une application de cette nouvelle peine à l'ensemble des délits au 1er janvier 2017, la commission a complété le projet de loi pour prévoir, en outre, que la contrainte pénale pourrait être encourue à titre de peine principale pour une série de délits pour lesquels de courtes peines d'emprisonnement sont actuellement encourues et n'impliquant pas de violences aux personnes : vol simple, conduite sous l'empire de l'alcool, usage de stupéfiants, etc. En outre, elle a prévu que le non-respect par le condamné des obligations résultant d'une contrainte pénale serait un délit autonome, puni de deux ans d'emprisonnement et de 30 000 euros d'amende.

25 juin 2014 – Le Sénat adopte le projet de loi relatif à la prévention de la récidive et à l'individualisation des peines. A 21 heures, une petite dizaine de sénateurs sont présents. Les deux sénateurs centristes (UDI-UC) Yves Détraigne et Vincent Capo-Canellas ont voté contre, l'UMP aussi, représenté par le seul Jean-René Lecerf plutôt favorable au texte qui s'est abstenu, les autres sénateurs présents votant pour : Jean-Pierre Sueur, Jean-Pierre Michel, Catherine Tasca, Esther Benbassa (écologiste), Cécile Cukierman (communiste)... Le Sénat a réduit la liste des délits pour lesquels la contrainte pénale pourrait être encourue à titre de peine principale.

8 juillet 2014 – Réunion à l'Assemblée nationale, sous la présidence de Jean-Jacques Urvoas, de la commission mixte paritaire (CMP) sur le projet de loi relatif à la prévention de la récidive et l'individualisation des peines. Députés : Jean-Jacques Urvoas, Dominique Raimbourg, Colette Capdevielle, Elisabeth Pochon, Georges Fenech, Guy Geoffroy et Eric Ciotti (titulaires), Jean-Yves Le Bouillonnec, Pascal Popelin, Nathalie Nieson, Alain Marsaud, Jean-Frédéric Poisson, Michel Zumkeller et Sergio Coronado (suppléants). Sénateurs : Jean-Pierre Sueur, Jean-Pierre Michel, Catherine Tasca, Cécile Cukierman, Jean-Jacques Hyest, Jean-René Lecerf et Yves Détraigne (titulaires), Esther Benbassa, Vincent Capo-Canellas, Patrice Gélard, Philippe Kaltenbach, Jacques Mézard, Thani Mohamed Soilihi et Catherine Troendle (suppléants).

La CMP s'achève sur un accord. Sur son blog, Dominique Raimbourg en résume ainsi les conclusions (extrait) : « Sur les articles 7 et 7 ter relatifs aux aménagements de peine, nous retenons le texte du Sénat, qui s'en tient aux seuils d'aménagement de peine qu'avait prévus la loi pénitentiaire de 2009, à savoir un an d'emprisonnement pour les récidivistes et deux ans pour les non récidivistes. Aux articles 8 et 9 relatifs à la contrainte pénale, s'agissant du champ d'application de cette nouvelle peine, nous retenons la version de l'Assemblée nationale qui prévoit que la contrainte sera d'abord applicable aux délits punis de 5 ans d'emprisonnement au plus, avant de devenir applicable à tous les délits à compter du 1er janvier 2017 ; nous n'adoptons pas l'article 8 ter introduit par le Sénat, qui visait à faire de la contrainte pénale la peine principale pour certains délits, mais prévoyons que le Gouvernement remettra au Parlement un rapport sur la possibilité d'opérer une telle évolution et sur l'ensemble de ses conséquences, qui méritent d'être très finement analysées. Egalement à l'article 9, s'agissant de la sanction des violations de la contrainte pénale, nous prévoyons un texte de compromis entre les positions des deux assemblées, consistant à prévoir – comme en matière de suivi socio judiciaire – que la durée maximale de l'emprisonnement auquel le condamné pourra être soumis sera fixé par la juridiction de jugement et ramené à exécution par le président du tribunal ou un juge délégué ». [...] Enfin, de manière transversale dans le texte, nous prévoyons une répartition des missions entre le Service Pénitentiaire d'Insertion et de Probation d'une part, et les personnes morales habilitées d'autre part : les associations interviennent avant jugement, et les SPIP après jugement [...].

16 juillet 2014 – Adoption, par l'Assemblée nationale, du projet de loi sur l'individualisation des peines et renforçant l'efficacité des sanctions pénales.

17 juillet 2014 – Adoption du projet de loi par le Sénat.

1er août 2014 – Publication du décret n° 2014-883 relatif à l'observatoire de la récidive et de la désistance. Cet observatoire « est chargé de rassembler et d'analyser les données existantes, tant quantitatives que qualitatives, sur les différents types d'infractions commises, sur les modalités d'exécution des décisions de justice dans le domaine pénal, sur les modalités de suivi, d'accompagnement et de contrôle des personnes sous-main de justice et sur les facteurs de sortie de la délinquance. Il mettra ces données et analyses à disposition de l'ensemble des publics visés sous la forme, notamment, d'un rapport annuel et public. Il formulera toute recommandation utile pour améliorer la connaissance des phénomènes observés. Ces missions résultent de l'article 7 de la loi n° 2009-1436 du 24 novembre 2009, sauf en ce qui concerne l'observation du suicide en établissement pénitentiaire dans la mesure où cette mission est d'ores-et-déjà assurée par l'Observatoire national du suicide, créé par décret n° 2013-809 du 9 septembre 2013. Il est indépendant et composé de parlementaires et élus locaux, de magistrats, de représentants du ministère de la justice et du président de l'Observatoire national de la délinquance et des réponses pénales, d'un représentant d'une association d'aide aux victimes, d'enseignants universitaires et de chercheurs ».

7 août 2014 – Le Conseil constitutionnel valide la réforme pénale en écartant un recours formé par 60 députés de l'UMP concernant la contrainte pénale, mais a refusé un article prévoyant d'instaurer une majoration automatique de 10 % pour les amendes pénales et douanières.

17 août 2014 – Publication au Journal Officiel du texte de la Loi n° 2014-896 du 15 août 2014 relative à l'individualisation des peines et renforçant l'efficacité des sanctions pénales.

20 août 2014 – La Garde des Sceaux annonce la mise en place d'un comité de pilotage au sein de la Chancellerie de la loi du 15 août 2014.

1er octobre 2014 – La loi du 15 août 2014 entre partiellement en application : abolition des peines « plancher », création de la contrainte pénale (appliquée dans la communauté).

4 octobre 2014 – ***Le Monde*** annonce que la Garde des Sceaux a prévu de déposer un amendement au projet de loi sur le budget pour obtenir un prolongement de 4 ans du moratoire voté dans le cadre de la loi pénitentiaire du 24 novembre 2009. Voici ce qu'indiquait l'article 100 de la loi : « Dans la limite de cinq ans à compter de la publication de la présente loi [soit le 25 novembre 2009], il peut être dérogé au placement en cellule individuelle dans les maisons d'arrêt au motif tiré de ce que la distribution intérieure des locaux ou le nombre de personnes détenues présentes ne permet pas son application. Cependant, la personne condamnée ou, sous réserve de l'accord du magistrat chargé de l'information, la personne prévenue peut demander son transfert dans la maison d'arrêt la plus proche permettant un placement en cellule individuelle ». Au 1er septembre 2009, il y avait 10 435 détenus en surnombre. 5 ans plus tard ils sont 12 040.

25 octobre 2014 – Dans une note, largement diffusée, Pierre V. Tournier, souhaite que les pouvoirs publics reconnaissent que l'échéance du 25 novembre (fin du moratoire sur l'encellulement individuel) n'a été préparée techniquement ni par les gouvernements d'avant mai 2012, ni par ceux d'après. Aussi convient-il de prolonger le moratoire de deux ans, le temps de faire réaliser, en urgence, et par une structure indépendante, les études démographiques nécessaires qui ne l'ont pas été et de laisser à la loi du 15 août 2014 (contrainte pénale, libération sous contrainte…) le temps d'avoir ses premiers effets en matière de désinflation carcérale. ». La Commission des Lois décide d'auditionner Pierre V. Tournier le 13 novembre [5].

28 octobre 2014 – La Commission des Lois de l'Assemblée nationale débat de la question de l'encellulement individuel lors de la séance consacrée à l'examen du budget de la Justice. Après discussion, la Garde des Sceaux retire l'amendement que le Gouvernement avait déposé, prolongeant de 3 ans le moratoire voté en 2009.

1er novembre 2014 – L'observatoire de la récidive dont la création a été réclamée, le 4 août 2005, par Pierre V. Tournier, annoncée, le 25 août 2013, par Christiane Taubira, actée par décret, le 1er août 2014, n'a toujours pas été installé à ce jour.

---

5. Tournier P.V., *En attendant que l'encellulement individuel devienne la règle*, Université Paris 1, Centre d'histoire sociale du XX siècle, octobre 2014, 4 p., http://pierre-victortournier.blogspot.fr/.

15

La Garde des Sceaux annonce la création d'un Observatoire de la récidive

25 août 2013 [1]

Paris, le 25 août 2013

Madame la Garde des Sceaux,

A l'Université d'été du Parti Socialiste, à La Rochelle, vous avez annoncé la création de la « Contrainte pénale » (appliquée dans la communauté). Comme vous pouvez l'imaginer, je m'en réjouis et j'attends, avec confiance, d'en savoir davantage sur la définition des éléments constitutifs de cette nouvelle sanction.

Vous avez aussi annoncé que vous alliez « installer le mois prochain l'observatoire de la récidive, afin de disposer des outils fins pour mesurer le phénomène ». A ce sujet, je me permets de faire trois remarques.

1. Dans le cadre du débat qui précéda l'adoption de la loi du 12 décembre 2005 sur le traitement de la récidive des infractions pénales, j'avais proposé la création d'un Observatoire de la récidive (conférence de presse tenue à Paris le 28 juin 2005) auquel je donnais douze objectifs (voir note jointe et présentée chapitre 1).

2. Depuis cette époque, un fait nouveau d'importance est à prendre en considération : la création, le 1er janvier 2010, d'un Observatoire national de la délinquance et des réponses pénales (ONDRP) dépendant des services du Premier Ministre et dont la compétence s'étend à l'ensemble du processus pénal.

---

1. Référence : Lettre à Mme Christiane Taubira, Garde des Sceaux, après l'annonce faite, à La Rochelle, de la création d'un Observatoire de la récidive, 25 août 2013.

3. Dans leur rapport d'évaluation du 4 juillet 2012 de la loi pénitentiaire du 24 novembre 2009, fait au nom de la commission des lois et de la commission pour le contrôle de l'application des lois du Sénat, Mme Nicole Borvo Cohen-Seat (communiste) et M. Jean-René Lecerf (UMP) écrivaient : « La faiblesse des données statistiques concernant le devenir des personnes sous main de justice interdit une évaluation fiable et objective du système pénitentiaire français. Aussi, à l'initiative du Sénat, la loi pénitentiaire (art. 7) a prévu de confier à un observatoire indépendant le recueil et l'analyse des données relatives aux infractions, à l'exécution des décisions de justice en matière pénale, à la récidive et à la réitération. Elle lui assigne la responsabilité d'élaborer un rapport annuel « comportant les taux de récidive et de réitération par établissement pour peines ». Ce rapport annuel doit aussi présenter le taux de suicide par établissement. Dans l'esprit du Parlement, il ne s'agissait pas de créer une nouvelle structure mais de rattacher ces missions à l'observatoire national de la délinquance et des réponses pénales (ONDRP) institué par le décret en Conseil d'Etat n° 2009-1321 du 28 octobre 2009. [...]. Vos co-rapporteurs ne peuvent que regretter que les services n'aient pas été en mesure de mettre en œuvre le travail interministériel nécessaire pour appliquer un des volets importants de la loi du 24 novembre 2009 (recommandation n°1)».

Souhaitant que le Gouvernement agisse dans la perspective définie par la représentation nationale et rappelée par Mme Nicole Borvo Cohen-Seat et M. Jean-René Lecerf, je me tiens à votre disposition pour échanger sur cette question qui me préoccupe depuis 1981, époque à laquelle Robert Badinter m'avait confié un travail sur des cohortes de condamnés à perpétuité et de condamnés à mort graciés et libérés [2].

Je vous prie de croire, Madame la Garde des Sceaux, à l'expression de ma haute considération.

Pierre V. Tournier

Directeur de recherches au CNRS

---

2. Barré M.D, Tournier P.V., *Erosion des peines perpétuelles : analyse des cohortes des condamnés à mort graciés et des condamnés à une peine perpétuelle libérés entre le 1er janvier 1961 et le 31 décembre 1980*, Paris, direction de l'administration pénitentiaire, Travaux & Documents, 1982, n°16, 95 p.

16

Récidive : chiffres en folie

Une conférence de consensus sans effet au sommet de l'Etat ?

9 septembre 2013 [1]

1. Choses lues, choses entendues cet été

Le 23 août 2013, aux journées d'été d'Europe Ecologie-les Verts, Christiane Taubira indique que « le taux de récidive est de plus de 57 % ».

Sur *France Info*, le 30 août 2013, la Garde des Sceaux affirme que « le taux de récidive n'a cessé d'augmenter de 2007 à 2012 ».

Interview de François Hollande dans *Le Monde* daté du 30 août 2013 : « Les peines planchers, je les ai contestées pour leur caractère automatique et leurs conséquences. Non seulement elles sont contraires au principe d'individualisation de la sanction, mais, loin d'empêcher la récidive, celle-ci a triplé de 2004 à 2011 ».

Dans l'éditorial du quotidien *Le Monde*, daté du 3 septembre 2013, intitulé « Loi Taubira : le courage et la nécessité », on lit ceci : « [...] la récidive dont le taux est passé de 8 % des condamnés en 2007 à 11,1 % en 2010 ».

En résumé : taux de récidive de 8 % en 2007, 11 % en 2010, 57 % aujourd'hui ? Bigre, c'est effectivement explosif et invraisemblable. Cherchez l'erreur. Et tout cela après des mois de travaux de la conférence dite de consensus sur la prévention de la récidive et l'audition d'une multitude d'experts en tous genres. Ne nous décourageons pas, continuons

1. Référence : Tournier P.V., « Récidive : chiffres en folie Une conférence de consensus sans effet au sommet de l'Etat ? », *Arpenter le Champ pénal*, n°340, 9 septembre 2013. Texte repris dans Tournier P.V., *La question pénale au fil de l'actualité. Chroniques d'outre-nombre*, L'Harmattan, 2014.

d'expliquer. Désolé, c'est un peu technique, mais vous non plus, ne vous découragez pas…

2. Un taux peut en cacher un autre

L'approche quantitative du champ pénal passe naturellement par le maniement de nombreux taux : taux d'accroissement d'une population, taux d'encadrement des détenus (par surveillant), taux de personnes sous écrou par habitant, taux de détention par habitant, taux d'entrées sous écrou par habitant, taux d'entrées en détention par habitant, taux de mortalité sous écrou, etc. Dans des circonstances voisines qu'il convient de préciser, on utilise aussi les termes de proportion (par exemple, proportion de personnes sous écrou non encore jugées), d'indice (indice spécifique d'usage d'une sanction ou mesure appliquée dans la communauté), de poids (poids de la détention provisoire, poids des alternatives à la détention), voire de quotient. Il s'agit chaque fois de calculer un rapport de deux grandeurs A et B, mais les relations qui existent entre elles peuvent être de nature différente […] Mettre en rapport, au sens arithmétique de l'expression, telle grandeur (A) avec telle autre (B) est un des premiers stades de l'analyse. La signification de l'opération va bien évidemment dépendre de la nature des quantités [2].

3. Taux de recondamnation dans des cohortes de sortants de prison

En parlant d'un « taux de récidive de plus de 57 % », Christiane Taubira a sans doute en tête la dernière étude réalisée par la direction de l'administration pénitentiaire, en matière d'analyse de suivi de cohorte de condamnés libérés (levée d'écrou). Les données ont été rendues publiques en août 2011 [3]. En examinant le casier judiciaire de condamnés libérés entre le 1er juin et le 31 décembre 2002, 5 ans après leur libération, on trouve un taux de recondamnation de 59 %.

Il n'est pas question ici de récidive au sens de la « récidive légale », mais d'un taux de recondamnation (dans les 5 ans). Pour calculer ce taux, on prend en compte l'existence, sur le casier, d'une nouvelle condamnation pour des faits postérieurs à la date de libération et ce indépendamment de la

---

2. Tournier P.V., *Dictionnaire de démographie pénale*, op. cit.

3. Direction de l'administration pénitentiaire, « Les risques de récidive de sortants de prison. Une nouvelle évaluation », *Cahiers d'études pénitentiaires et criminologiques*, n°36, mai 2011, 8 p.

Voir aussi *Arpenter le Champ pénal* n°239 du 5 septembre 2011 : « En effet, nous avons interrogé la direction de l'administration pénitentiaire, le 9 août, sur la composition de l'échantillon dont un aspect nous intriguait (structure selon le quantum de la peine prononcée) ». Nous n'avons jamais réussi à avoir des explications sur cette anomalie.

nature de la nouvelle condamnation (amende, travail d'intérêt général, sursis simple, avec mise à l'épreuve, peine ferme privative de liberté, etc.) et indépendamment de la nature des nouvelles infractions. Si, dans ce calcul, on se limite aux nouvelles condamnations à la prison ferme, le taux n'est plus que de 46 %.

Ces taux mesurent la fréquence d'apparition d'un événement (une nouvelle condamnation) dans une population donnée (cohorte de sortants de prison). On rapporte donc un nombre d'événements (A) à la population susceptible de connaître cet événement (B). Cette fréquence peut être considérée comme une mesure expérimentale d'une probabilité d'apparition : c'est un calcul de risque, fondement de l'approche actuarielle.

4. Evolution du taux de recondamnation dans des cohortes de sortants de prison

Curieusement, cet aspect n'avait pas été abordé par l'étude publiée en 2011. La précédente enquête nationale portant sur des sortants de « 1996-1997 » [4] donnait un taux de nouvelles condamnations, 5 ans après la libération de 52 %, et un taux de prison ferme de 41 %. Ce qui donne une augmentation de + 7 points pour les taux de recondamnation et de + 5 points pour les taux de recondamnation à la prison ferme [5].

Mais, quand on regarde les évolutions par infraction, on observe une baisse des taux pour les vols simples ou les vols avec violence, les recels et les viols sur mineur. En revanche, on note une hausse des taux pour les conduites en état d'ivresse, les escroqueries, filouteries, abus de confiance, les infractions à la législation sur les étrangers, les homicides volontaires. Enfin, la stabilité est remarquable pour les faux et usages de faux documents administratifs.

Ainsi, les hausses observées, entre la cohorte « 1996-1997 » et la cohorte « 2002 », sur les taux globaux peuvent-elles être, en partie, liées à un changement de structure selon la nature de l'infraction. Disposer de taux globaux ne suffit donc pas à caractériser une évolution (à la baisse ou à la hausse). Là aussi la politique du chiffre unique est à proscrire.

---

4. Kensey, Tournier, *Prisonniers du passé ?* op. cit.

5. Voir *Arpenter le Champ pénal* n°247, 31 octobre 2011.

5. Proportion de « récidivistes » parmi les condamnés pour crime ou délit d'une année

Les données qui suivent sont produites, chaque année, par la sous-direction de la statistique du ministère de la Justice [6]. Le tableau 1 concerne les condamnés d'une année pour crime et le tableau 2 les condamnés d'une année pour délit.

Tableau 1 – Proportion de récidivistes (récidive légale) parmi les condamnés pour crime

	2004	2005	2006	2007	2008	2009	2010	2011
Ensemble	3 244	3 402	3 305	3 245	2867	2 731	2 670	2 497
Récidivistes	108	98	130	128	129	126	160	154
Proportion	3,3 %	2,9 %	3,9 %	3,9 %	4,5 %	4,6 %	6,0 %	6,2 %

Source : annuaire statistique de la justice

Tableau 2 – Proportion de récidivistes (récidive légale) parmi les condamnés pour délit

	2004	2005	2006	2007	2008	2009	2010	2011
Ensemble	410 559	476 654	529 447	544 845	553 132	554 539	475 838	470 319
Récidivistes	25 181	29 430	36 832	43 873	51 051	54 383	52 993	56 841
Proportion	6,1 %	6,2 %	7,0 %	8,1 %	9,2 %	9,8 %	11 %	12 %

Source : annuaire statistique de la justice

C'est de cela dont il semble s'agir dans la déclaration de Christiane Taubira à *France Info*, dans celle de François Hollande au *Monde* et dans l'éditorial de ce même quotidien. La garde des Sceaux semble disposer du taux de 2012 (peu vraisemblable), le Président de la République de celui de 2011, mais pas de 2012 (possible), *Le Monde* celui de 2010 mais pas ceux de 2011 ou de 2012.

J'ai pu obtenir les taux pour 2011, auprès du cabinet de la garde des Sceaux. Les chiffres présentés *supra* correspondent à peu près à ceux cités par *le Monde* et montrent que les propos du Président de la République « La récidive a triplé de 2004 à 2011 » sont très exagérés : 12,1 / 6,1 = 1,98. Il aurait dû dire « la récidive a pratiquement doublé de 2004 à 2011 ». Mais plus grave, est-ce bien « la récidive » qui a doublé ?

6. Annuaire statistique du Ministère de la Justice, Editions 2009-2010 et 2011-2012.

L'indicateur ainsi calculé n'est pas un « taux », au sens où l'on a parlé *supra* de taux de recondamnation, rapport d'un nombre d'événements (A) à la population susceptible de connaître cet événement (B), mesure expérimentale d'une probabilité.

Ici il s'agit de la division d'une partie A par le tout B. Dans ce cas, on utilisera de préférence le terme de proportion ou de poids. B représente les condamnations prononcées d'une année donnée et A celles pour lesquelles on a retenu l'état de récidive légale. On parlera de proportion de récidivistes (au sens de la récidive légale).

D'ailleurs, plus que la proportion, c'est l'évolution du nombre absolu qui peut être intéressante. De 2009 à 2010, le nombre de « récidivistes » a diminué de - 1 390 (- 2,6 %) et pourtant la proportion de récidivistes a augmenté de 1,2 points. Dans le même temps le nombre de non récidivistes a diminué de - 77 311 (- 15, 5 %). Ainsi à nombre de récidivistes constant (la récidive n'évolue pas, du moins d'après ce critère, fort discutable, voir *infra*), la proportion de récidivistes pourrait mécaniquement augmenter, si le nombre de non récidivistes diminue.

Rêvons un peu : si la délinquance cessait de recruter de nouveaux « praticiens » (bonne nouvelle), la proportion de récidivistes pourrait, un jour, avoisiner les 100 % et le président pourrait affoler la population en annonçant que la récidive a été multipliée par 10.

Mais au-delà de cette question d'arithmétique, n'oublions pas cc que rappelait le magistrat Jean-Paul Jean lors des audiences publiques de la conférence de consensus, sur la prévention de la récidive : « l'accroissement des condamnations en état de récidive légale sur la période 2004-2010 ne traduit pas une augmentation du nombre des faits de récidive, mais une augmentation mécanique des cas légaux de récidive du fait des évolutions des textes et des pratiques des juridictions » [7].

Alors la récidive ? Çà monte ou çà descend ? Nous n'avons pas, aujourd'hui les moyens de répondre à une question ainsi formulée. Une certitude, le Président de la République était bien mal informé.

---

7. Jean J.P., « Récidive et réitération. Quelle évaluation des réformes législatives successives ? Mise en perspective historique et textes applicables », *Conférence de consensus sur la prévention de la récidive,* 14 février 2013.

17

Pour observer les délinquances, les réponses pénales et leur efficacité, il faut renforcer l'ONDRP

18 septembre 2013 [1]

Le 25 août 2013, j'adressais la lettre reproduite *supra* (chapitre 15) à Mme Christiane Taubira, Garde des Sceaux, Ministre de la Justice, concernant la création d'un observatoire de la récidive au sein du Ministère de la Justice. N'ayant pas eu de réponse à cette lettre, j'ai décidé de la rendre publique.

Lors de la réunion du Conseil d'orientation (COR) de l'Observatoire national de la délinquance et des réponses pénales (ONDRP) du mercredi 18 septembre 2013, cette création a été confirmée par M. Benjamin Camus, chef du Service statistique ministériel (SSM) du Ministère de la Justice. Ce Ministère fait preuve, en matière statistique, d'une parfaite continuité au-delà des changements de majorité politique : refus de coopérer avec l'ONDRP, mauvaise foi dans les échanges au sein du COR, recours à la langue de bois, etc. Aussi ai-je décidé de ne plus siéger au sein de ce Conseil. Je renouvelle toute ma confiance à M. Christophe Soullez chef de l'ONDRP et à l'ensemble de ses collaborateurs.

Paris, le 18 septembre 2013

Pierre V. Tournier

---

1. Référence : Communiqué de Pierre V. Tournier, « Pour observer les délinquances, les réponses pénales et leur efficacité, il faut renforcer l'ONDRP », 18 septembre 2013.

18

Création de l'Observatoire de la récidive et de la désistance

En français « désistement »

1er août 2014 [1]

Décret n° 2014-883 du 1er août 2014

JORF n°0180 du 6 août 2014 page 13016
texte n° 15
DECRET
NOR: JUST1401791D

Publics concernés : la création de l'observatoire de la récidive et de la désistance doit permettre aux parlementaires, responsables gouvernementaux et ministériels, acteurs professionnels, associatifs et bénévoles concernés ainsi qu'à l'ensemble du public de disposer d'informations de qualité et d'analyses approfondies et rigoureuses sur les phénomènes de récidive et de désistance.

Objet : création d'un observatoire de la récidive et de la désistance.

Entrée en vigueur : le texte entre en vigueur le lendemain de sa publication.

Notice : l'observatoire de la récidive et de la désistance est chargé de rassembler et d'analyser les données existantes, tant quantitatives que qualitatives, sur les différents types d'infractions commises, sur les modalités d'exécution des décisions de justice dans le domaine pénal, sur les modalités de suivi, d'accompagnement et de contrôle des personnes sous-main de justice et sur les facteurs de sortie de la délinquance. Il mettra ces données et analyses à disposition de l'ensemble des publics visés sous la forme, notamment, d'un rapport annuel et public. Il formulera toute recommandation utile pour améliorer la connaissance des phénomènes observés. Ces missions résultent de l'article 7 de la loi n° 2009-1436 du 24 novembre 2009, sauf en ce qui concerne l'observation du suicide en établissement pénitentiaire dans la mesure où cette mission est d'ores et déjà assurée par l'Observatoire national du suicide, créé par décret n° 2013-809 du 9 septembre 2013. Il est indépendant et composé de parlementaires et élus locaux, de magistrats, de représentants du ministère de la

---

1. Référence : Décret n° 2014-883 du 1er août 2014 relatif à l'Observatoire de la récidive et de la désistance.

justice et du président de l'Observatoire national de la délinquance et des réponses pénales, d'un représentant d'une association d'aide aux victimes, d'enseignants universitaires et de chercheurs.

Références : le présent décret, pris en application de l'article 7 de la loi n° 2009-1436 du 24 novembre 2009, peut être consulté sur Légifrance (http://www.legifrance.gouv.fr).

Le Premier ministre,

Sur le rapport de la garde des sceaux, ministre de la justice,

Vu la loi n° 2009-1436 du 24 novembre 2009 pénitentiaire, notamment son article 7 ;

Vu le décret n° 2006-672 du 8 juin 2006 relatif à la création, à la composition et au fonctionnement des commissions administratives à caractère consultatif,

Vu le décret n° 2006-781 du 3 juillet 2006 fixant les conditions et les modalités de règlement des frais occasionnés par les déplacements temporaires des personnels civils de l'Etat,

Décrète :

Article 1

Il est créé un observatoire de la récidive et de la désistance dont les missions sont les suivantes :

1° Collecter et analyser les données quantitatives et qualitatives relatives aux infractions, à l'exécution des décisions de justice en matière pénale, à la récidive et à la réitération, ainsi qu'aux modalités de suivi des personnes placées sous main de justice ;

2° Etablir le rapport annuel et public prévu à l'article 7 de la loi pénitentiaire n° 2009-1436 du 24 novembre 2009 ;

3° Favoriser une meilleure connaissance des phénomènes observés ;

4° Formuler toutes recommandations utiles en vue de faire progresser cette connaissance.

Article 2

L'observatoire de la récidive et de la désistance est présidé par un magistrat nommé sur proposition du Premier président de la Cour de cassation, par arrêté du garde des sceaux, ministre de la justice, pour une durée de quatre ans.

Il comprend :

1° Un député et un sénateur, désignés respectivement par le président de l'Assemblée nationale et par le président du Sénat ;

2° Deux élus territoriaux désignés respectivement par le président de l'Association des maires de France et par le président de l'assemblée des départements de France

3° Deux magistrats de l'ordre judiciaire particulièrement investis dans le champ de la prévention de la récidive et des sorties de délinquance ;

4° Le secrétaire général du ministère de la justice ou son représentant ;

5° Le directeur de l'administration pénitentiaire ou son représentant ;

6° Le directeur de la protection judiciaire de la jeunesse ou son représentant ;

7° Un représentant d'une association d'aide aux victimes ;

8° Deux professeurs des universités ou maîtres de conférences désignés par le président de la conférence des présidents d'université ;

9° Trois directeurs de recherche ou chargés de recherche désignés pour deux d'entre eux par le président du Centre national de la recherche scientifique et pour l'un d'entre eux par le directeur du centre de recherches sociologiques sur le droit et les institutions pénales ;

10° Un chercheur ou enseignant universitaire désigné par le directeur du groupement d'intérêt public « Mission de recherche droit et justice ».

11° Le président du conseil d'orientation de l'Observatoire national de la délinquance et des réponses pénales.

Les membres visés aux 1°, 2°, 3°, 7° et 11° du présent article sont nommés par arrêté du garde des sceaux, ministre de la justice, pour une durée de quatre ans.

Les membres visés aux 8°, 9° et 10° sont nommés par arrêté conjoint du garde des sceaux, ministre de la justice, et du ministre de l'éducation nationale, de l'enseignement supérieur et de la recherche, pour une durée de quatre ans.

Article 2

L'observatoire de la récidive et de la désistance se réunit en tant que de besoin sur convocation de son président et au moins trois fois par an. Il peut, au titre de ses missions, constituer en son sein des groupes de travail, chargés notamment de la réalisation d'études.

Le ministère de la justice met à la disposition de l'observatoire les moyens nécessaires à l'exercice de sa mission. Le secrétariat général du ministère de la justice en assure le secrétariat.

Les dispositions du chapitre III du décret n° 2006-672 du 8 juin 2006 relatif à la création, à la composition et au fonctionnement des commissions administratives à caractère consultatif sont applicables à l'observatoire de la récidive et de la désistance.

Article 4

Le ministre de l'éducation nationale, de l'enseignement supérieur et de la recherche, la garde des sceaux, ministre de la justice, et la secrétaire d'Etat chargée de l'enseignement supérieur et de la recherche sont chargés, chacun en ce qui le concerne, de l'exécution du présent décret, qui sera publié au Journal officiel de la République française.

Fait le 1er août 2014.

Manuel Valls
Par le Premier ministre :

La garde des sceaux, ministre de la justice,
Christiane Taubira

Le ministre de l'éducation nationale, de l'enseignement supérieur et de la recherche,
Benoît Hamon

La secrétaire d'Etat chargée de l'enseignement supérieur et de la recherche,
Geneviève Fioraso

Bibliographie

Allegrezza L., Desdevises M.-C., Dickes P., 1992, *Populations en milieu ouvert et dispositif méthodologique pour le casier judiciaire*, Université de Nancy et Université de Nantes, 316 p.

Aubert A., Coudret E., 2012, « Prédictibilité du comportement : neurosciences et neuro-mythes », *in* Dossier « Prévenir la récidive, évaluer la dangerosité », *AJ Pénal,* Dalloz, n°2, février 2012, 80-83.

Ayrault J.-M., Taubira Ch., 2013, *Prévention de la récidive et individualisation des peines*, Assemblée nationale, Commission des Lois, projet de loi n°1413, 9 octobre 2013, 123 p.

Barré M.-D., Tournier P.V., 1982, Erosion des peines perpétuelles : analyse des cohortes des condamnés à mort graciés et des condamnés à une peine perpétuelle libérés entre le 1er janvier 1961 et le 31 décembre 1980, Paris, direction de l'administration pénitentiaire, Centre national d'études et de recherches pénitentiaires (CNERP), coll. Travaux & Documents, 16, 95 p.

Barré M.-D., Tournier P.V., 1983, L'érosion des peines perpétuelles, *Revue de science criminelle et de droit pénal comparé*, 3, 505-512.

Barré M.-D., Tournier P.V., 1990, Le temps carcéral, *Revue de science criminelle et de droit pénal comparé*, 2, 379-387.

Barré M-D, Tournier P.V, coll. Leconte B., 1988, *La mesure du temps carcéral, observation suivie d'une cohorte d'entrants*, Paris, CESDIP, coll. Déviance & Contrôle social, 48, 199 p.

Benaouda A., Kensey A., 2008, La récidive des condamnés à perpétuité, *Cahiers d'études pénitentiaires et criminologiques,* n°24.

Benaouda A., Kensey A., Lévy R., 2010, La récidive des premiers placés sous surveillance électronique, *Cahiers d'études pénitentiaires et criminologiques,* n°33, 6 p.

Bertin S., 2000, Récidive et récidivistes à Pontarlier, 1885-1900, in *Archives de la peur. Les « populations à risque dans la Franche-Comté au XIXe siècle*, Presses universitaires franc-comtoises, 145-165.

Bibal D., Moya H., 1994, *Nouveau code pénal, l'application et l'exécution des peines*, Paris, direction de l'administration pénitentiaire, coll. Travaux & Documents, 46, 83 p.

Bishop N., 2012, « Le concept de sanctions et mesures appliquées dans la communauté », communication au colloque du 6 octobre 2012 au Sénat, sur la contrainte pénale communautaire, organisé par DES Maintenant en Europe, *Arpenter le Champ pénal*, n° 291, 15 oct. 2012.

Boisset L., 1998, *Prévenir la récidive des délinquants sexuels en droit*, mémoire de DEA de sciences criminelles, Université Grenoble II, 146 p.

Borvo Cohen-Seat N., Lecerf J.-R., Rapport d'évaluation de la loi pénitentiaire du 24 novembre 2009, fait au nom de la commission des lois et de la commission pour le contrôle de l'application des lois du Sénat, n°629, 4 juillet 2012, 93 p.

Boulay M.-J., 2005, Quelle place de la victime dans le processus de libération conditionnelle ? Contribution de l'APEV au débat sur la récidive, *Actualité juridique. Pénal*, Les Editions Dalloz, n°9, p. 318.

Boutin Chr., Tournier P.V., 2005, « La Lutte contre la récidive se prépare déjà en prison », *Le Monde,* 16-17 octobre 2005, rubrique « Horizon Débats » p. 15.

Bouvier J.-C., 2013, « Une nouvelle peine au service de la probation », *Actualité juridique. Pénal*, Dalloz, mars 2013, 132-135.

Bouvier J.-C., Sagant V., et all., 2012, Prévention de la récidive : sortir de l'impasse. Pour une politique pénale efficace, innovante et respectueuse des droits, mai 2012, 33 p.

Brilley E., 2009, « Une nouvelle méthode d'intervention auprès des personnes placées sous main de justice : le programme de prévention de la récidive (PPR) », *Cahiers d'études pénitentiaires et criminologiques,* n°31, août 2009, 6 p.

Burricand C., 1997, La récidive des crimes et délits sexuels, *Infostat Justice*, n°50, 4 p.

Cabanel G., 1995, Pour une meilleure prévention de la récidive, rapport à M. le Premier ministre, 141 p.

Carrasco V., Timbart 0., 2010, Les condamnés de 2007 en état de récidive ou de réitération, *Infostat Justice*, n°108, Ministère de la Justice et des Libertés, 6 p.

Cartier M.-E., 1996, Les propositions de la commission d'étude pour la prévention de la récidive, in *Prison : sortir avant terme,* Travaux de l'Institut de sciences criminelles de Poitiers, n°15, Editions Cujas, 99-121.

Chantier extérieur Pastre, Conseil communal de prévention de la délinquance de Marseille, 1992, *Journées d'études nationales sur les réponses locales à la prévention de la récidive*, Marseille.

Charrier O., 1995, Le phénomène des jeunes délinquants persistants : étude en site urbain, *in Délinquance et précocité*, actes du 29e Congrès de l'Association française de criminologie (AFC), Beauvais, 236-255.

Chemithe Ph., Fize M., Tournier P.V., 1981, *Enquête sur la récidive des condamnés à une peine de trois ans et plus, libérés en 1973*, Paris, direction de l'administration pénitentiaire, Centre national d'études et de recherches pénitentiaires (CNERP), coll. Concepts & méthodes, n°1.

Clément P., Mieux prévenir la récidive, 2005, *Actualité juridique. Pénal*, Les Editions Dalloz, n°10, 345-346.

Clément P., Léonard G., 2004, Mission d'information sur le traitement de la récidive des infractions pénales. 20 mesures pour placer la lutte contre la récidive au cœur de la politique pénale, Assemblée nationale, 2004, 66 p.

Clément P., Léonard G., 2004, Proposition de loi relative au traitement de la récidive des infractions pénales. Assemblée nationale, 2004, 17 p.

Colin P., 1997, La multirécidive au sein d'une famille vannier : le poids du stigmate familial, Strasbourg, *Regards sociologiques,* n°13, Université des Sciences Humaines de Strasbourg, 39-44.

Colin P., 1998, La multirécidive pénitentiaire : Analyse sociologique des contextes de la multirécidive pénitentiaire chez des hommes condamnés à de courtes peines pour atteintes aux biens, Thèse de doctorat nouveau régime, Strasbourg, sous la direction de Patrick Watier, Professeur de sociologie à l'Université Marc Bloch.

Colin P., 1998, Écouter les causes de la multirécidive, Paris, *Dedans dehors,* n°7, Observatoire international des prisons (OIP), mai 1998, 3-4.

Colin P., 1999, La multirécidive pénitentiaire, Paris, *Raison Présente,* Nouvelles Editions Rationalistes, Paris, 69-90.

Colin P., 1999, Multirécidive pénitentiaire et sens de la peine, in *Prison, quelles alternatives ?*, Revue Panoramiques, Ed. Corlet, n°45, 132-138.

Collectif, 1983, *Le récidivisme*, XXIe Congrès de l'Association française de criminologie (AFC), rapports et communications, Paris, PUF, 263 p.

Collectif interprofessionnel Justice, Centre d'études et de recherches sur l'intervention sociale, 1991, Le contexte de la récidive, profils et supports, étude réalisée auprès de la population incarcérée à la maison d'arrêt de Strasbourg, 100 p.

Collectif, 2006, *Le criminel endurci. Récidive et récidivistes du Moyen Age au XXe siècle*, Etudes réunies par Françoise Brigel et Michel Porret, Editions Droz.

Collectif, 2012, Manifeste du 19 mai 2012, « Pour une peine juste et efficace » et texte « Pour une politique pénale efficace, innovante et respectueuse des droits », Groupe dit de Créteil, coordonné par Jean-Claude Bouvier et Valérie Sagant, magistrats.

Collectif, 2012, Appel du 1er juin 2012 à l'attention du Gouvernement et du Parlement : Pour en finir avec la primauté de l'emprisonnement, mettre au centre de l'échelle des peines « la contrainte pénale communautaire » (CPC), mis en ligne le 8 juin 2012 sur le site : leplus.nouvelobs.com/pierrevictortournier.

Collectif, 2013, Conférence de consensus pour une nouvelle politique publique de prévention de la récidive, principes d'action et méthodes, rapport du jury de consensus au Premier ministre, 20 févr. 2013, 38 p.

Collectif, 2013, *Actualité juridique. Pénal*, mars 2013, Dalloz, Dossier « Quelle nouvelle peine ? ».

Collectif, 2013, Dossier « Punir dehors », *Les Archives de politique criminelle*, n°35, 2013.

Collectif, 2013, Appel du 23 avril 2013 à l'attention de M. Jean-Marc Ayrault, Premier Ministre : Pour une réforme progressiste de la justice pénale. Il n'est plus temps de consulter, il est grand temps d'agir, http://leplus.nouvelobs.com/contribution/849362-justice-900-prisonniers-dorment-sur-un-matelas-a-meme-le-sol-il-est-temps-d-agir.html.

Collectif, 2013, *Débat organisé par le Centre d'histoire sociale du XXe siècle (Université Paris 1) et Mediapart*, avec Pierre Victor Tournier, chercheur au CHS, Christophe Régnard, président de l'Union syndicale des magistrats et Olivier Caquineau, secrétaire général du Syndicat national de l'ensemble des personnels pénitentiaires (SNEPAP-FSU), http://www.dailymotion.com/video/x17ooku_ce-que-sera-la-loi-taubira-1-3_news, 27 novembre 2013.

Collectif, 2014, *Appel de Mai, Réforme pénale : pour* un large consensus républicain, http://leplus.nouvelobs.com/contribution/1208174-taubira-et-sa-reforme-penale-a-l-assemblee-pourquoi-elles-meritent-un-large-consensus.html. Appel publié dans *Le Monde* daté du 7 juin 2014 sous le titre « Salutaire réforme pénale ».

Collectif, 2014, *Actualité juridique. Pénal*, juin 2014, Dalloz, Dossier « Les acteurs méconnus de l'exécution des peines ».

Commission d'étude pour la prévention de la récidive des criminels (commission Cartier), 1994, *Rapport à M. le Garde des Sceaux*, 124 p. + annexes.

Commission nationale consultative des droits de l'homme (CNCDH), 2007, *Sanctionner dans le respect des droits de l'homme, II. Les alternatives à la détention*, Etude réalisée par Sarah Dindo. La Documentation française, 2007.

Commission nationale consultative des droits de l'homme (CNCDH), 2014, *Avis sur le projet de loi relatif à la prévention de la récidive et à l'individualisation des peines, Assemblée plénière du 27 mars 2014,* Avril 2014, 31 p.

Conseil de l'Europe, 1994, *Règles européennes sur les sanctions et mesures appliquées dans la communauté,* Recommandation n° R (92) 16, adoptée par le Comité des Ministres du Conseil de l'Europe, le 19 octobre 1992, coll. « Références juridiques », 1994, 74 p.

Conseil de l'Europe, 1999, *Le surpeuplement des prisons et l'inflation carcérale*, Recommandation Rec (1999) 22, adoptée par le Comité des Ministres le 30 septembre 1999, coll. « Références juridiques », 2000, 212 p.

Conseil de l'Europe, 2000, *Amélioration de la mise en œuvre des règles européennes sur les sanctions et mesures appliquées dans la communauté*, Recommandation Rec (2000) 22, adoptée par le Comité des Ministres le 29 novembre 2000, coll. « Références juridiques », 2002, 98 p.

Conseil de l'Europe, 1994, *Règles européennes sur les sanctions et mesures appliquées dans la communauté,* Recommandation n° R (92) 16, adoptée par le Comité des Ministres du Conseil de l'Europe, le 19 octobre 1992, coll. « Références juridiques », 1994, 74 p.

Conseil de l'Europe, 1999, *Le surpeuplement des prisons et l'inflation carcérale*, Recommandation Rec (1999) 22, adoptée par le Comité des Ministres le 30 septembre 1999, coll. « Références juridiques », 2000, 212 p.

Conseil de l'Europe, 2000, *Amélioration de la mise en œuvre des règles européennes sur les sanctions et mesures appliquées dans la communauté*, Recommandation Rec (2000) 22, adoptée par le Comité des Ministres le 29 novembre 2000, coll. « Références juridiques », 2002, 98 p.

Conseil de l'Europe, 2003, Projet de recommandation concernant la libération conditionnelle et projet d'exposé des motifs, Conseil de coopération pénologique, PC-CP (2003), 4, 27 p.

* Draft recommendation on conditional release (parole) and draft explanatory memorandum, Council for Penological Co-operation PC-CP (2003) 4, 27 p.

Conseil de l'Europe, 2010, *Les règles européennes relatives à la probation,* recommandation CM/Rec (2010) 1, adoptée par le Comité des Ministres le 20 janvier 2010.

Couvrat P., 1983, Le récidivisme : ses diverses dimensions, in XXIe Congrès de l'Association française de criminologie (AFC), Le Récidivisme, rapports et communications, Paris, PUF, 13-24.

Cugno A., 2012, « La recommandation du Conseil de l'Europe REC(2010)1 sur la probation », communication au colloque du 6 octobre 2012 au Sénat, sur la contrainte pénale communautaire, organisé par DES Maintenant en Europe, *Arpenter le Champ pénal*, n° 291, 15 oct. 2012.

Debuyst C., 1983, Analyse des aspects psycho-sociologiques du récidivisme, in XXIe Congrès de l'Association française de criminologie (AFC), Le Récidivisme, rapports et communications, Paris, PUF, 129-136.

Delarre S., 2010, Sur le réécrou : d'un usage du fichier national des détenus, 20 000 anciens écroués observés sur une période de trois ans », *Cahiers d'études pénitentiaires et criminologiques,* n°34, 8 p.

Delarre S, 2012, « Trajectoires judiciaires des mineurs et désistance » Ministère de la Justice, *Infostat Justice*, n°119, novembre 2012.

Descombres V., 1997, Elle s'appelait Marilyn, Chronique d'outre-nombre, *Le Nouveau Bulletin*, revue du CLCJ, n°1.

Descombres V., 1997, Fractions de vérité ?, Chronique d'outre-nombre, *Le Nouveau Bulletin*, revue du CLCJ, 1997, n°5, 14-15.

Dindo S., 2013, *Le sursis avec mise à l'épreuve. Une analyse des pratiques de probation en France*, Direction de l'administration pénitentiaire, Travaux et Documents, n°80, 2013, 83 p.

Dintilhac J.-P., 2013, « Contrainte pénale communautaire », *Actualité juridique. Pénal*, Dalloz, mars 2013, 132-132.

Elek C., 1988, *Le casier judiciaire*, PUF, Que sais-je ?, 126 p.

Fages J., 2014, *La peine de contrainte pénale*, Mémoire de Master 2 droit de la sanction pénale et de l'exécution des peines, Université de Montpellier 1, juin 2014, 148 p.

Faugeron C., Le Boulaire J.-M., 1992, *Quelques remarques à propos de la récidive*, Paris, CESDIP, coll. Etudes & Données pénales, 65, 26 p.

Fayol-Noireterre J.-M., 2014, « La contrainte pénale dans la communauté : une mesure qui existe en France, depuis près de 70 ans… pour les mineurs », 2014, http://pierre-victortournier.blogspot.fr/

Fenech G., 2005, Rapport au 1er Ministre sur le placement sous surveillance électronique mobile, 79 p.

Fiechter-Boulvard F., 2012, « La dangerosité encore et toujours… », *in* Dossier « Prévenir la récidive, évaluer la dangerosité », *AJ Pénal,* Dalloz, n°2, février 2012, 67-70.

Fink D., 2006, L'observation statistique de la récidive en Suisse, in: Champ Pénal / Penal Field. Nouvelle revue française de criminologie / New French Journal of Criminology, 2006, champpenal@revues.org.

Fink D., 2006, Statistische Beobachtung von Rückfall in der Schweiz, von 1900 bis heute / Statistical observation of reoffending in Switzerland, from 1900 to the present / L'observation statistique de la récidive en Suisse, de 1900 à aujourd'hui, communication présentée dans les ateliers organisés par le Groupe d'étude de la récidive en Europe au 6ème congrès de la European Society of Criminologie, Tübingen 26-30 août 2006.

Fize M., 1981, *Formation professionnelle en milieu carcéral et devenir judiciaire des jeunes sortants de prison,* Paris, direction de l'administration pénitentiaire, Centre national d'études et de recherches pénitentiaires (CNERP).

Fize M., Chemithe Ph., 1978, *Etude de la récidive des condamnés libérés après quinze ans de détention et aperçu de l'érosion des très longues peines*, Paris, direction de l'administration pénitentiaire, Centre national d'études et de recherches pénitentiaires (CNERP).

Fleck M., 2006, Making and unmaking of criminal careers. Reflections on the causes of recidivism during the Chicago progressive era / A l'origine des carrières criminelles. Considérations sur les causes de la récidive sous l'ère réformiste à Chicago, communication présentée dans les ateliers organisés par le Groupe d'étude de la récidive en Europe au 6ème congrès de la European Society of Criminologie, Tübingen 26-30 août 2006.

Fossey L., 2013, *Les sanctions dans la communauté*, Paris, 15 février 2013, Auditions publiques de la Conférence de consensus sur la prévention de la récidive. http://conference-consensus.justice.gouv.fr/.

Giudicelli-Delage G., 1983, Le récidivisme dans le département de la Vienne, in XXIe Congrès de l'Association française de criminologie (AFC), Le Récidivisme, rapports et communications, Paris, PUF, 91-108.

Grillot M., 2006, French response to reoffending : exemple of a recent law / Le traitement de la récidive en France : l'exemple de la loi du 12 décembre 2005, communication présentée dans les ateliers organisés par le Groupe d'étude de la récidive en Europe au 6ème congrès de la European Society of Criminologie, Tübingen 26-30 août 2006.

Herzog-Evans M., 2005, Récidive : surveiller et punir plus, plutôt que prévenir et guérir, *Actualité juridique. Pénal*, Les Editions Dalloz, 2005, n°9, 305-314.

Herzog-Evans M., 2006, Les dispositions relatives à la récidive dans la loi n°2005-1549 du 13 décembre 2005, Recueil Dalloz, 2006, n°3, 182-89.

Herzog-Evans M., 2012, « Outils d'évaluation : sortir des fantasme et de l'aveuglement idéologique », *in* Dossier « Prévenir la récidive, évaluer la dangerosité », *AJ Pénal,* Dalloz, n°2, février 2012, 75-80.

Herzog-Evans M., 2013, « Récidive et surpopulation : pas de baguette magique juridique », *Actualité juridique. Pénal*, Dalloz, mars 2013, 136-139.

Herzog-Evans M., 2013, « *All Hands on Deck* : (re)mettre le travail en partenariat au centre de la probation », *Actualité juridique. Pénal*, Dalloz, mars 2013, 139-144.

Herzog-Evans M., 2013, *Moderniser la probation française, un défi à relever ?* L'Harmattan, collection « Controverses », 2013, 142 p.

Hyest J-J, Cabanel G.-P., 1999, *Prisons : une humiliation pour la République,* commission d'enquête sur les conditions de détention dans les établissements *pénitentiaires* en France, Tomes I et II, Les rapports du Sénat, n°449, 1999-2000.

Itofo E., 2006, *Recidivism as an addiction / La récidive comme addiction*, communication présentée dans les ateliers organisés par le Groupe d'étude de la récidive en Europe au 6ème congrès de la *European Society of Criminologie*, Tübingen 26-30 août 2006.

Janas M., 2005, Le juge de l'application des peines : un acteur essentiel pour lutter contre la récidive, *Actualité juridique. Pénal*, Les Editions Dalloz, n°10, 347-352.

Josnin R., 2013, « La récidive plus fréquente et plus rapide chez les jeunes condamnés » France Portrait social, INSEE 2013, 6 p.
Josnin R., 2014, Une approche statistique des condamnés, Ministère de la Justice, Infostat Justice , n° 127, avril 2014
Jusseaume Ph., 2012, « L'expertise psychiatrique, ses pièges, ses limites… », *in* Dossier « Prévenir la récidive, évaluer la dangerosité », *AJ Pénal,* Dalloz, n°2, février 2012, 70-74.
Kazemian L., Lebel T-P., 2012, « Réinsertion et sorties de délinquance » in Les sorties de la délinquance, Collection Recherches, Éd. La Découverte, 2012, 224-259.
Kensey A., 2003, L'aménagement des peines dans sa diversité, *Cahiers de démographie pénitentiaire,* n°13, 4 p.
Kensey A., 2004, Longues peines : 15 ans après, *Cahiers de démographie pénitentiaire,* n°14, 4 p.
Kensey A., 2006, *Long prison terms in France: "individualisation" of sentences and recidivism* / Aménagement des peines et récidive : le cas des longues peines en France, communication présentée dans les ateliers organisés par le Groupe d'étude de la récidive en Europe au 6ème congrès de la European Society of Criminologie, Tübingen 26-30 août 2006.
Kensey A., 2007, *Prison et récidive*, Armand Colin, 250 p.
Kensey A., Benaouda A., 2011, Les risques de récidive des sortants de prison. Une nouvelle évaluation, *Cahiers d'études pénitentiaires et criminologiques,* n°36, mai 2011, 8 p.
Kensey A., Constantin M., 2002, Le devenir judiciaire des condamnés à une longue peine : suivi sur 15 ans. Analyse des casiers judiciaires en 1997 des libérés de 1982, initialement condamnés à 3 ans ou plus, collecte et codification de l'information, Concepts & Méthodes, n°23, direction de l'administration pénitentiaire.
Kensey A., Lombard F, Tournier P.V., 1995, Projet de recherche locale sur l'aménagement des peines correctionnelles et la récidive dans le département du Nord, CESDIP, 30 p.
Kensey A., Lombard F., Tournier P.V., 2002, *Aménagements des peines d'emprisonnement et récidive dans le département du Nord, rapport d'étape / aménagement des peines*, recherche financée par la Mission de recherche Droit & Justice et le Fonds interministériel d'intervention pour la politique de la ville, 348 p.
Kensey A., Lombard F., Tournier P.V., 2006, Sanctions alternatives à l'emprisonnement et « récidive ». Observation suivie, sur 5 ans, de détenus condamnés en matière correctionnelle libérés, et de condamnés à des sanctions non carcérales (département du Nord). Paris, Ministère de la Justice, direction de l'administration pénitentiaire, Coll. Travaux & Documents, n°70, 2006 livret de 113 p. + CD ROM.
Kensey A., Tournier P.V., 1989, Enquête sur le devenir judiciaire des condamnés à une peine de trois ans ou plus, libérés en 1982 : collecte et codification de l'information, Paris, direction de l'administration pénitentiaire, coll. Concepts & Méthodes, 16, 32 p.
Kensey A., Tournier P.V., 1991, Le retour en prison, analyse diachronique (détenus libérés en 1973 - détenus libérés en 1982, initialement condamnés à trois ans ou plus), Paris, direction de l'administration pénitentiaire, coll. Travaux & Documents, 40, 95 p.
Kensey A., Tournier P.V., 1991, Le retour en prison, *Questions Pénales*, IV, 3.
* Reincarceration, Paris, Ministry of Justice, CESDIP, *Penal Issues*, 1992, 3, 9-12.
Kensey A., Tournier P.V., 1992, Le retour en prison, analyse diachronique (détenus libérés en 1973 - détenus libérés en 1982, initialement condamnés à trois ans ou plus), *Revue de science criminelle et de droit pénal comparé*, 1, 134-142.
Kensey A., Tournier P.V., 1994, *Libération sans retour ? devenir judiciaire de la cohorte des sortants de 1982 condamnés à trois ans ou plus*, Paris, CESDIP, coll. Etudes & Données pénales, 69, Sceri, coll. Travaux & Documents, 47,127 p.
Kensey A., Tournier P.V., 1995, Longues peines, quel devenir judiciaire après la libération ?, CESDIP, *Questions Pénales*, VIII, 1.
* Long Prison Terms : what Judicial Career after Release ?, *Penal Issues*, 1996, 7, 3-5.

Kensey A., Tournier P.V., 1995, L'éternel retour, devenir judiciaire d'une cohorte de sortants de prison condamnés à une peine à temps de trois ans ou plus, *Les archives de politique criminelle*, 17, 83-99.

Kensey A., Tournier P.V., 2000, *Placement à l'extérieur, semi-liberté, libération conditionnelle. Des aménagements d'exception*, Paris, CESDIP, Etudes & Données pénales, n°84, et Direction de l'administration pénitentiaire, 2 volumes 58 pages + 97 p.

Kensey A., Tournier P.V., 2002, Arithmétique de l'exécution des peines. Enquête nationale par sondage, sur les modalités d'exécution des peines privatives de liberté, Paris, CESDIP, Etudes & Données pénales, n°90, et Direction de l'administration pénitentiaire, Travaux & Documents n°60, 146 p.

Kensey A., Tournier P.V., 2002, Base de données « Aménagement », peine prononcée, détention effectuée. Enquête nationale par sondage, sur les modalités d'exécution des peines privatives de liberté, Paris, CESDIP, Direction de l'administration pénitentiaire, Concepts & Méthodes n°22, 214 p.

Kensey A., Tournier P.V., 2005, Sortants de prison : variabilité des risques de retour, *Cahier de démographie pénitentiaire,* n°17, Direction de l'Administration pénitentiaire, 6 p.

Kensey A., Tournier P.V., 2005, Prisonniers du passé ? Cohorte des personnes condamnées, libérées en 1996-1997 : examen de leur casier judiciaire 5 ans après la levée d'écrou (échantillon national aléatoire stratifié selon l'infraction), Ministère de la Justice, Direction de l'administration pénitentiaire, Coll. Travaux & Documents, n°68, 2005, livret de 63 p + CD ROM.

Kensey A., Tournier P.V., coll. Alméras Ch., 2004, La récidive des sortants de prison, *Cahiers de démographie pénitentiaire,* n°15, 4 p.

Kensey A., Tournier P.V., coll. Guillonneau M., 1999, Prison Population Inflation, Overcrowding and Recidivism, the Situation in France, *European Journal of Criminal Policy and research*, 7, 97-119.

Killias M., Ed., 1993, Rückfall und Bewährung - *Récidive et réhabilitation,* Schweizerische Arbeitsgruppe für Kriminologie - Groupe suisse de travail de criminologie, Reihe Kriminologie - Collection Criminologie, Vol.10, Chur, Verlag Rüegger, 368 p.

Laffaquière Ph., 2005, Un pari sur l'humain, *Actualité juridique. Pénal*, Les Editions Dalloz, n°10, 353-357.

Lalouelle J., Larrouy S., Touret de Coucy F., Bidart R., 2003, *Anciens mineurs : bilan à l'âge de 22 ans*, Association française des magistrats de la jeunesse et de la famille (AFMJF), Centre national de formation et d'étude de la protection judiciaire de la jeunesse (CNFE - PJJ), 26 p.

Landreville P., 1982, *Le critère de la récidive dans l'évaluation des mesures pénales*, Paris, SEPC, coll. Déviance & Contrôle social, 36, 150 p.

Landreville P., 1982, La récidive dans l'évaluation des mesures pénales, *Déviance et société*, vol. 6, n°4, 366-375.

Languin N., Liniger M., Monti B., Sardi M., Roth R., Strasser F.-R., 1994, *La libération conditionnelle : risque ou chance ?,* Helbing & Lichtenhahn, Faculté de Droit de Genève, CETEL, 243 p.

Larminat (de) X., 2013, « La probation en quête d'approbation : du consensus politique à l'aveuglement positiviste », *Les Archives de politique criminelle*, 2013, « Punir Dehors », n°35, 2013, 45-60.

Larminat (de) X., 2013, *En apesanteur ou entre deux flux ? Les personnels d'encadrement des services de probation au prisme des recompositions pénitentiaires,* CESDIP, Guyancourt, 2014, 147 p.

Lassalle S., 2014, « La réforme pénale peut-elle se passer d'une complémentarité entre le secteur public et le secteur associatif socio-judiciaire ?, *Actualité juridique. Pénal*, juin 2014, Dalloz, Dossier « Les acteurs méconnus de l'exécution des peines », 272-275.

Lecomte C., Timbart O., 2003, Les condamnés de 2001 en état de récidive, *Infostat Justice*, n°68, 4 p.

Logelin C., 2014, « Le ministère public : des pouvoirs à renforcer en matière d'exécution des peines », *Actualité juridique. Pénal*, juin 2014, Dalloz, Dossier « Les acteurs méconnus de l'exécution des peines », 264-268.
Marwan M. (dir.), 2012, Les sorties de délinquance. Théories, méthodes, enquêtes, La Découverte, 240 p.
Matsopoulou H., 2014, « Réforme pénale : la nouvelle peine de "contrainte pénale "est-elle nécessaire ?, *La Semaine juridique-Edition générale*, n° 44, 28 octobre 2013, doctr. 1153.
Mermaz L., Floch J., 2000, *Rapport fait au nom de la commission d'enquête sur la situation dans les prisons françaises*, Tome I, Rapport, Tome II, Auditions Assemblée nationale, n°2521.
Meurs D., Tournier P.V., 1983, Enquête sur l'érosion des peines : analyse statistique de la cohorte des condamnés à une peine de trois ans et plus, libérés en 1973, Paris, direction de l'administration pénitentiaire, Centre national d'études et de recherches pénitentiaires (CNERP), coll. Travaux & Documents, n°22.
Meurs D., Tournier P.V., 1985, L'érosion des peines, analyse statistique de cohortes de détenus libérés, condamnés à une peine de trois ans et plus, *Revue de science criminelle et de droit pénal comparé*, 3, 533-540.
Michel J.-P., 2014, Rapport sur le projet de loi adopté par l'Assemblée nationale après engagement de la procédure accélérée tendant à renforcer l'efficacité des sanctions pénales, Sénat, Commission des lois, n° 641, Tome 1, Rapport, 18 juin 2014, 435 p.
Michel J.-P., 2014, Rapport sur le projet de loi adopté par l'Assemblée nationale après engagement de la procédure accélérée tendant à renforcer l'efficacité des sanctions pénales, Sénat, Commission des Lois, n° 641, Tome 2, Auditions, 18 juin 2014, 111 p.
Ministère de la Justice, 1973, « Caractéristiques et importance de la réitération d'infraction après l'exécution d'une peine privative de liberté », in *Recherches sur la population des prisons*, Centre national d'études et de recherches pénitentiaires (CNERP), 185-186.
Ministère de la Justice, sous-direction de la statistique, 2002, *Une mesure détaillée de la récidive,* Rapport d'étude, septembre 2002.
Ministère de la Justice, 2003, sous-direction de la statistique, *La récidive des mineurs condamnés,* Rapport d'étude, février 2003.
Ministère de la Justice, sous-direction de la statistique, 2005, *Le taux de récidivistes chez les condamnés pour crime ou délit en 2003, juin 2005*, 6 pages (diffusion restreinte).
Ministère de la Justice, sous-direction de la statistique, 2007, rapport établi par la Commission d'analyse et de suivi de la récidive.
Ministère de la Justice – SDSE, Documents de la Conférence du Consensus sur la prévention de la récidive, février 2013.
Mohammed M. « Les sorties de délinquances, enquêtes, méthodes, théories » Paris, La Découverte, 2012.
Nadjar E., Lemoussu P., 2005, Rapport Burgelin : des propositions en vue d'une meilleure prévention de la récidive, *Actualité juridique. Pénal*, Les Editions Dalloz, n°9, 319-321.
Observatoire international des prisons, « Prévention de la récidive, le retard français », 2012, *Dedans-Dehors*, n°76, mars-avril 2012, 32-59.
Pinatel J. 1983, Existe-t-il une étiologie spécifique du récidiviste ? in XXIe Congrès de l'Association française de criminologie (AFC), Le Récidivisme, rapports et communications, Paris, PUF, 111-122.
Poncela P., 2005, La question de la récidive, *Revue de sciences criminelles et de droit pénal comparé*, juillet-septembre 2005, 613-618.
Poncela P., 2013, « Dehors… La prison dans la tête. Quelques réflexions à propos des peines de milieu ouvert », *Les Archives de politique criminelle*, n°35, 2013, 11-23.
Portelli S., 2005, La récidive. Mobiliser l'intelligence, non la peur, sept. 2005, 73 pages, texte diffusé par le Club « DES Maintenant en Europe ».
Portelli S., 2006, Traité de démagogie appliquée. Sarkozy, la récidive et nous, Michalon, 137 p.

Portelli S., 2008, Récidivistes. Chroniques de l'humanité ordinaire, Grasset, 259 p.

Portelli S., 2013, « La contrainte pénale », *Dalloz Actualité,* http://www.dalloz-actualite.fr, 9 sept 2013.

Raimbourg R., 2014, *Renforcer l'efficacité des sanctions pénales*, Assemblée nationale, Commission des Lois, rapport première lecture, n° 1974, juin 2014, 548 p.

Raimbourg R. et S. Huyghe S., 2013, *Penser la peine autrement : propositions pour mettre fin à la surpopulation carcérale*, Assemblée nationale, Commission des Lois, rapport d'information, n° 652, janv. 2013, 197 p.

Razafindranovona T., 2006, Les condamnés de 2004 en état de récidive, *Infostat Justice*, n°88, Ministère de la Justice et des Libertés, 4 p.

Recherches, Confrontations et Projets sur les mesures et sanctions pénales, 1997, *préambule des statuts de l'association.*

Rieman D., 2006, *The repetition within European legal Space » / La récidive au sein de l'espace judiciaire européen,* communication présentée dans les ateliers organisés par le Groupe d'étude de la récidive en Europe au 6ème congrès de la *European Society of Criminologie*, Tübingen 26-30 août 2006.

Sénat, 2014, La probation en tant que peine autonome : les équivalents de la peine de contrainte pénale, Etude de législation comparée n° 243, avril 2014, 71 p.

Schnapper B, 1983, La récidive, une obsession créatrice au XIXe siècle, in XXIe Congrès de l'Association française de criminologie (AFC), Le Récidivisme, rapports et communications, Paris, PUF, 25-64.

Senon J-L, Manzanera C., 2005, Psychiatrie et justice pénale : à la difficile recherche d'un équilibre entre soigner et punir, *Actualité juridique. Pénal*, Les Editions Dalloz, n°10, 353-357.

Shea E., 2006, Prison Labour: an Efficient Tool to Reduce Recidivism? / Le travail pénitentiaire : un outil efficace de lutte contre la récidive ? Communication présentée dans les ateliers organisés par le Groupe d'étude de la récidive en Europe au 6ème congrès de la European Society of Criminologie, Tübingen 26-30 août 2006.

Storz R, 1997, Rückfall nach Strafvollzug, Rückfallraten, Kriminalstatistische Befunde zu Wiederverurteilungen und Wiedereinweisungen. Incarcération et récidive, Taux de récidive, Statistique de la criminalité : recondamnations et réincarcérations, Bern, Office fédéral de la statistique, Coll. Droit et Justice, 48 p.

Storz R., 1997, Strafrechtliche Verurteilung und Rückfallrate., Condamnations pénales et taux de récidive, Bern, Office fédéral de la statistique, Coll. Droit & Justice, 24 p.

Tellier-Cayrol V., 2012, « La récidive : de quelques paradoxes et incohérences », *in* Dossier « Prévenir la récidive, évaluer la dangerosité », *AJ Pénal*, Dalloz, n°2, février 2012, 64-67.

Tournier P.V., 1981, Enquête sur la récidive des condamnés à une peine de trois ans et plus libérés en 1973 : construction de « tables de récidive », Paris, direction de l'administration pénitentiaire, Centre national d'études et de recherches pénitentiaires (CNERP), coll. Concepts & Méthodes, 6, 50 p.

Tournier P.V., 1983, Le retour en prison, *Déviance et Société*, vol. VII, 3, 237-248.

Tournier P.V., 1985, Le retour en prison, in XXIe Congrès de l'Association française de criminologie : le récidivisme, rapports et communications Paris, PUF, 65-89.

Tournier P.V., 1988, Réflexion méthodologique sur l'évaluation de la récidive : recension des enquêtes de récidive menées depuis 1980 dans les Etats membres du Conseil de l'Europe, CESDIP, coll. Etudes & Données pénales, 56, 59 p.

Tournier P.V., 1988, La récidive et sa mesure, *in Paroles et Pratiques sociales*, 26, 20-21.

Tournier P.V., 1990, La récidive et sa mesure, *in* Enquête sur les systèmes pénitentiaires dans les Etats membres du Conseil de l'Europe : démographie carcérale comparée, Conseil de l'Europe, numéro spécial du *Bulletin d'information pénitentiaire*, n°15, 35-43 (en français et en anglais).

Tournier P.V., 1991, *La détention des mineurs, observation suivie d'une cohorte d'entrants*, Paris, CESDIP, coll. Etudes & Données pénales, 62, 109 p.

Tournier P.V., 1992, La détention des mineurs, observation suivie d'une cohorte d'entrants, *Questions Pénales*, V, 1.

* Detention of Juveniles, a Follow-up Study of a Cohort of Entering Prisoners, Paris, Ministry of Justice, CESDIP, *Penal Issues*, 4, 3-5.

Tournier P.V., 1993, La récidive et sa mesure : production de l'information, interprétation des résultats... et diffusion des connaissances, *in* Martin Killias (Ed.), Rückfall und Bewährung - *Récidive et réhabilitation*, Schweizerische Arbeitsgruppe für Kriminologie - Groupe suisse de travail de criminologie, Reihe Kriminologie - Collection Criminologie, Vol.10, Chur, Verlag Rüegger, 35-45.

Tournier P.V., 1993, Jeunes en prison : données statistiques sur la détention des moins de 21 ans en France métropolitaine, Paris, CESDIP, coll. Etudes & Données pénales, 67, 147 p.

Tournier P.V., 1993, La détention des mineurs en France, observation suivie d'une cohorte d'entrants, *Bulletin suisse de criminologie*, 2, 9-25.

Tournier P.V., 1993, Jeunes en prison, Paris, *Droit de l'enfance et de la famille*, 37, 399-416.

Tournier P.V., 1996, *La prison à la lumière du nombre : démographie carcérale en trois dimensions*, Université Paris I Panthéon Sorbonne, mémoire d'habilitation à diriger des recherches, 200 p.

Tournier P.V., 1997, La mesure de la récidive en France, La Documentation Française, *Regards sur l'actualité*, 229, 15-23.

Tournier P.V., 1997, Devenir judiciaire d'une cohorte d'entrants en prison après la libération, *Questions Pénales*, 1997, X, 5.

* Post-Release Judicial Careers of a Cohort of Entering Prisoners, Paris, Ministry of Justice, CESDIP, *Penal Issues*, 1998, n°9, 17-20.

Tournier P.V., 2000, Actualité de la libération conditionnelle : pour une libération sans retour », *Informations Sociales, Les enfermements, n°*82, 2000, 46-55.

Tournier P.V., 2000, Libération conditionnelle et récidive, *Chantiers de pédagogie mathématiques,* Association des professeurs de mathématiques de l'enseignement public, 2000, n°107, 5-6.

Tournier P.V., 2001, A chacun sa vérité. Propos sur la récidive, tenus à l'Assemblée nationale et au Sénat, *Cahiers de l'Actif*, 2001, n°296-297, 51-64.

Tournier P.V., 2003, Récidive des mineurs, mythe et réalités, *Chronique d'outre-nombre*, n°2, site internet du Forum français pour la sécurité urbaine (www.ffsu.org).

Tournier P.V., 2003, Peine prononcée, détention effectuée. Du singulier au pluriel, l'exemple de l'homicide, *Revue suisse de criminologie,* 2, 3-12.

Tournier P.V., 2004, Aspects of "good practice" in the criminal justice system, *in Crime policy in Europe. Good Practices and promising examples,* Council of Europe Pubishing, 2004, 19-26.

* ¿Esto funciona? A propósito del concepto de " buena práctica " en materia penal (traduction de « A propos du concept de bonne pratique en matière pénale », traduit par Alberto Manuel Poletti Adorno), *Revista de Espanola de Investigation criminologica*, REIC Int-04, www.criminologia.net/revista, juin 2004.

* Est-ce que ça marche ? A propos du concept de « bonne pratique » en matière pénale, in *Exemples prometteurs en matière pénale*, Conseil scientifique criminologique du Conseil de l'Europe,

Tournier P.V., 2005, Lutter contre la récidive dans le respect des droits de l'homme, 2005, *Les Annonces de la Seine*, n°51, jeudi 28 juillet 2005, 5-6.

Tournier P.V., 2005, Solutions contre la récidive, *Libération*, Rebonds, 18 juillet 2005, 30-31.

Tournier P.V., 2005, Peines d'emprisonnement ou peines alternatives : quelle récidive ?, *Actualité juridique. Pénal*, Les Editions Dalloz, n°9, 315-317.

Tournier P.V., 2005, Pour un service public pénitentiaire dont nous n'aurions plus honte, Bloc-notes, Revue *Passe-Murailles*, n°1, novembre-décembre 2005, 19-20.

Tournier P.V., 2005, « Projet d'Observatoire de la récidive des infractions pénales, 3 août - 11 octobre 2005 », in Tournier P.V., *Mensonges d'un matin d'hiver. A propos du colloque sur l'enseignement et la recherche en criminologie du 3 février 2009, au siège du CNRS. Archives*, Université Paris 1. Panthéon Sorbonne, Centre d'histoire sociale du XXe siècle, mars 2009, 17-34.

Tournier P.V., 2006, *Evaluation de la récidive. Questions de méthode*, communication présentée dans les ateliers organisés par le Groupe d'étude de la récidive en Europe au 6ème congrès de la *European Society of Criminologie*, Tübingen 26-30 août 2006.

Tournier P.V., 2006, Réformes pénales, deux ou trois choses que j'attends d'elle, Publication de DES Maintenant en Europe, 1er juillet 2006, 15 p.

Tournier P.V., 2007, *Que sait-on de la récidive des infractions pénales ?* CDRom, de l'Ecole nationale la Magistrature (ENM), formation continue, session 2007.

Tournier P.V., 2007, Enquêtes sur la récidive, in *Délinquance et récidive : les réponses pénales*, Regards sur l'actualité, n°336, La Documentation française, décembre 2007, 17-25.

Tournier P.V., 2007, Impact de la loi Dati « renforçant la lutte contre la récidive des majeurs et des mineurs ». Quelques pièces versées au dossier, Université Paris 1. Panthéon Sorbonne, Centre d'histoire sociale du XXe siècle, 2007, 41 p.

Tournier P.V., 2007, *Récidive*, numéro spécial *d'Arpenter le champ pénal*, 21 mai 2007, n°44, 14 p.

Tournier P.V., 2008, Vers un observatoire national de la délinquance et des réponses pénales, *in* Alain Bauer (dir.*), La criminalité en France. Rapport de l'Observatoire national de la délinquance 2008,* Institut national des hautes études de sécurité (INHES), CNRS Editions, 665-672.

Tournier P.V., 2008, Evaluation de la récidive des infractions pénales. Questions de méthode, *Revue suisse de criminologie*, n°1/2008, 3-8.

Tournier P.V., 2008, « Histoire sans fin des taux de récidive », *Arpenter le Champ pénal*, n°85-86, 14 avril 2008, 1-2.

Tournier P.V., 2008, Histoire sans fin des taux de récidive, suite, *Arpenter le Champ pénal* n°87-88, 5 mai 2008, 1-3.

Tournier P.V., 2009, *Infractions et réponses pénales. Chronique de la naissance annoncée d'un Nouvel Observatoire,* Université Paris 1. Panthéon Sorbonne, Centre d'histoire sociale du XXe siècle, 91 p.

Tournier P.V., 2009, Aménagement des peines et récidive. Vingt fois sur le métier..., Arpenter le Champ pénal, n°116-117, 5 janvier 209, 2-4.

Tournier P.V., 2010, *Dictionnaire de démographie pénale. Des outils pour arpenter le champ pénal*, L'Harmattan, Coll. Criminologie, décembre 2010, 211 p.

Tournier P.V., 2010, Le placement sous surveillance électronique, est-ce que ça marche ? *in Rapport 2010 de l'Observatoire national de la délinquance et des réponses pénales (ONDRP)*, Chapitre « Réponses pénales », Editions du CNRS, novembre 2010, 385-394.

Tournier P.V., 2010, Ecole du crime ou école de la citoyenneté ? Eloge de la prison en démocratie, in A quoi sert la prison dans une société démocratique ?, Les Cahiers de la Sécurité, n°12, 2010, 32-41.

Tournier P.V., 2011, « Pour en finir avec la primauté de l'emprisonnement. Mettre au centre de l'échelle des sanctions la contrainte pénale communautaire », *Arpenter le Champ pénal*, n° 250, 21 nov. 2011.

Tournier P.V., 2011, « Réformes pénales. Deux ou trois choses que j'attends d'elle, 5 ans après, *Arpenter le Champ pénal*, n° 253-254, supplément n°1, 17 décembre 2011, 6 p. + annexes.

Tournier P.V., 2012, « Procès d'un récidiviste », *in La question pénale en campagne.* Novembre 2011 - avril 2012, Université Paris 1, Centre d'histoire sociale du XXème siècle, 2012, 5-6.

Tournier P.V., 2012, Condamnation à perpétuité. Quelle espérance de vie ? *in* Yannick Lecuyer (dir.), *La perpétuité perpétuelle ? Réflexions sur la réclusion criminelle à perpétuité".* Presses Universitaires de Rennes », coll. « L'univers des normes », 2012, 69-90.

Tournier P.V., 2012, *40 ans de travaux sur la récidive en France. Eléments bibliographiques* Université Paris 1, Centre d'histoire sociale du XXème siècle.

Tournier P.V., 2012, « La rétention de sûreté pour qui ? Les calculs de Mme Dati », *in* Tournier P.V., (dir.), *Dialectique carcérale. Quand la prison s'ouvre et résiste au changement,* Les Editions L'Harmattan, coll. « Criminologie », février 2012, 235-237.

Tournier P.V., 2013, *La Prison. Une nécessité pour la République*, Préface d'Elisabeth Guigou, Les Editions Buchet - Chastel, coll. « Essais & Documents», 2013, 261 p.

Tournier P.V., 2013, « Les règles du Conseil de l'Europe relatives à la probation. À propos de la recommandation adoptée le 20 janvier 2010 » *Actualité juridique. Pénal*, Dalloz, mars 2013, 126.

Tournier P.V., 2013, « La contrainte pénale communautaire : créer une sanction non carcérale qui ne sera pas un sursis à exécution d'une sanction carcérale », *Actualité juridique. Pénal,* Dalloz, mars 2013, 127-131.

Tournier P.V., 2013, Prévenir la récidive ? Commencer par appliquer les recommandations qui font consensus au sein des Etats membres du Conseil de l'Europe sur les mesures et sanctions pénales, Paris, 15 février 2013, Auditions publiques de la Conférence de consensus sur la prévention de la récidive. http://conference-consensus.justice.gouv.fr/

Tournier P.V., 2013, « Pour en finir avec la primauté de l'emprisonnement, en France. Mettre au centre de l'échelle des peines la contrainte pénale communautaire », *in* Coll. « Criminologie, politique criminelle et droit pénal dans une perspective internationale, *Mélanges en l'honneur de Martin Killias à l'occasion de son 65ème anniversaire,* Stämpfli Verlag, 2013, 895- 909, Bern.

Tournier P.V., 2013, « La Politique pénale du Conseil de l'Europe : De la prison en première ligne à la prison comme alternative, de dernier recours, aux sanctions et mesures appliquées dans la communauté », *Les Archives de politique criminelle*, 2013, « Punir Dehors », n°35, 2013, 91-104.

Tournier P.V., 2013, « Sens de la peine et responsabilité. Le projet de loi « Taubira » dans la continuité de la loi pénitentiaire de 2009 ? », *Regards croisés*, Revue de l'Institut de recherche de la FSU, n°8, 2013, 21-24.

Tournier P.V., 2013, « Probation vs prison : tout ce que vous n'avez jamais osé demander à Valls et Taubira » (1/2), 20 août 2013, http://leplus.nouvelobs.com/contribution/923236-probation-vs-prison-tout-ce-que-vous-n-avez-jamais-ose-demander-a-valls-et-taubira-1-2.html

Tournier P.V., 2013, « Probation vs prison : le débat ne fait que commencer, pas seulement entre Valls et Taubira », (2/2) 20 août 2013, http://leplus.nouvelobs.com/contribution/923262-probation-vs-prison-le-debat-ne-fait-que-commencer-pas-seulement-entre-valls-et-taubira.html

Tournier P.V., 2013, « Loi Taubira : pourquoi la contrainte pénale est une idée neuve en France », 17 septembre 2013. http://leplus.nouvelobs.com/contribution/938721-loi-taubira-pourquoi-la-contrainte-penale-est-une-idee-neuve-en-france.html

Tournier P.V., 2013, « Loi Taubira sur la contrainte pénale : voilà à quoi ressembleront les choses dans 10 ans », 17 décembre 2013, http://leplus.nouvelobs.com/contribution/1085372-loi-taubira-sur-les-prisons-voila-a-quoi-ressembleront-les-choses-dans-10-ans.html

Tournier P.V., 2014, Sanctionner sans emprisonner : naissance de la contrainte pénale. Archives, volume 1, Université Paris 1, Centre d'histoire sociale du XXème siècle, août 2014, 162 p.

Tournier P.V., 2014, Sanctionner sans emprisonner : naissance de la contrainte pénale. Archives, volume 2, Université Paris 1, Centre d'histoire sociale du XXème siècle, septembre 2014, 143 p.

Tournier P.V., 2014, *La question pénale au fil de l'actualité. Chroniques d'outre-nombre*, L'Harmattan, coll. « Criminologie», juillet 2014, 310 p.

Tournier P.V., 2014, « Quelques remarques à la suite de l'intervention de Dominique Raimbourg », *in* Deymié B. (dir.), Actes du colloque sur « Le rôle de la communauté dans l'application des peines. La justice restaurative en action », Paris, Conseil économique, social et environnemental, 26 mai 2014, à paraître.

Tournier P.V., 2014, « Fonctions de la sanction pénale et responsabilité. De l'article 1er de la loi pénitentiaire du 24 novembre 2009 à l'article 1er de la loi tendant à renforcer l'efficacité des sanctions pénales », *in* Rognon F. (dir.), actes du séminaire « La responsabilité et ses équivoques » du Groupe « Ethique et droits de l'homme » de la Faculté de théologie protestante de Strasbourg, à paraître.

Tournier P.V., Dupont V., 1982, *Le retour en prison : analyse rétrospective de la cohorte des condamnés à une peine de trois ans et plus libérés en 1973*, Paris, direction de l'administration pénitentiaire, Centre national d'études et de recherches pénitentiaires (CNERP), coll. Travaux & Documents, n°14.

Tournier P.V., Dupont V., 1984, Le retour en prison : analyse rétrospective de la cohorte des condamnés à une peine de trois ans et plus libérés en 1973, *in Revue de science criminelle et de droit pénal comparé*, 4, 789-800.

Tournier P.V., Kensey A., 2000, Aménagements des peines privatives de liberté, des mesures d'exception *Questions Pénales*, XIII, 3., 4 p.

* Adjustment Measures of Prison Sentences : the Exception, *Penal Issues*, 2001, n°12, 10-13.

Tournier P.V., Leconte B., 2001, L'exécution des peines privatives de liberté, aménagement ou érosion ?, *Questions Pénales*, 2001, XIV, 5., 4 p.

* Custodial sentences : adjustment or erosion ?, *Penal Issues*, 2002, 13, 19-22.

Tournier P.V., Leconte B., 1983, *Analyse de la cohorte des personnes incarcérées en février 1983 - premiers résultats*, Paris, direction de l'administration pénitentiaire, Centre national d'études et de recherches pénitentiaires (CNERP), Note de conjoncture, 18, 21 p.

Tournier P.V., Leconte B, 1983, *Analyse de la cohorte des personnes incarcérées en février 1983 - résultats complémentaires*, Paris, direction de l'administration pénitentiaire, Centre national d'études et de recherches pénitentiaires (CNERP), Note de conjoncture, 19, 20 p.

Tournier P.V., Mary F-L, Portas C., 1997, Au-delà de la libération, observation suivie d'une cohorte d'entrants en prison, Etudes & Données pénales n°76, CESDIP, 115 p.

Trombik E., 2006, Die Inhaftierung deutscher Häftlinge in Frankreich : Perspektiven und Grenzen der Wiedereingliederungsprojekte / The incarceration of German prisoners in France: the prospects and limits of reintegration projects / L'incarcération des détenus allemands en France : perspectives et limites des projets de réinsertion, communication présentée dans les ateliers organisés par le Groupe d'étude de la récidive en Europe au 6ème congrès de la European Society of Criminologie, Tübingen 26-30 août 2006.

Tubex H., coll. Tournier P.V., 2003, Etude sur la libération conditionnelle dans les Etats membres. Analyse des réponses au questionnaire général, Conseil de l'Europe, Conseil de coopération pénologique, PC-CP (2003), 4, Addendum, 24 p.

* Study of conditional release (parole) in the member states. Analysis of replies to the general questionnaire, Council of Europe, Council for Penological Co-operation PC-CP (2003) 4, Addendum, 23 p.

Wartna B., Blom M., Tollenaar N. et Bogaerts S., 2005, L'observatoire de la récidive aux Pays-Bas, *Champ Pénal / Penal Field. Nouvelle revue française de criminologie / New French Journal of Criminologoy*, champpenal@revues.org.

* Recidivism Monitor, Champ Pénal / Penal Field. Nouvelle revue française de criminologie /New French Journal of Criminologoy, 2005, champpenal@revues.org.

Zocchetto F., 2004, *Traitement de la récidive des infractions pénales. Première lecture,* Sénat, Commission des Lois, n°171, 2004-2005, 135 p.

Table des matières

Questions juridiques aux éditions L'Harmattan

Dernières parutions

DROIT ADMINISTRATIF
L'angle jurisprudentiel (5e édition)
Gros Manuel
Traitant du programme de 2e année en droit administratif général, cet ouvrage donne également un éclairage particulier au pouvoir du juge administratif sur la fixation du droit administratif français et sur son rôle prédominant dans l'essence même du droit administratif. Utilisable comme un manuel classique, voici également une réflexion approfondie sur l'évolution et l'adaptation d'un droit spécifique à son environnement.
(Coll. Logiques Juridiques, 36.50 euros, 374 p.)
ISBN : 978-2-343-03798-1, ISBN EBOOK : 978-2-336-35432-3

DROIT DE LA CHASSE ET DE LA PROTECTION DE LA FAUNE SAUVAGE
Guide des infractions (2e édition)
Redon Michel
Le droit de la chasse et de la protection de la faune sauvage est parfois complexe. Il est devenu difficile pour les non-spécialistes de se repérer dans une législation abondante, en constante évolution du fait de son imprégnation croissante par la réglementation européenne progressivement intégrée dans notre droit. Cet ouvrage, à jour de la jurisprudence et des textes les plus récents, propose une approche complète mais particulièrement aisée des dispositions pénales et des règles de procédure.
(Coll. La justice au quotidien, 16.00 euros, 162 p.)
ISBN : 978-2-343-03362-4, ISBN EBOOK : 978-2-336-35627-3

OPPOSABILITÉ (L') DES CONVENTIONS DE DROIT PRIVÉ EN DROIT FISCAL
Dal Vecchio Frédéric - Préface de Thierry Lambert
Les conventions, supports indispensables aux échanges économiques des sujets de droit privé, ont des conséquences en droit fiscal. Le concept d'opposabilité des conventions de droit privé oscille entre deux tendances opposées : le respect de la volonté des parties contractantes et leur sacrifice au nom de l'intérêt général. Dans quelle mesure les conditions et les effets de l'opposabilité des conventions de droit privé sont-ils transposables en droit fiscal ?
(Coll. Finances publiques, 46.00 euros, 472 p.)
ISBN : 978-2-343-03911-4, ISBN EBOOK : 978-2-336-35655-6

ARCHITECTURE (L') NORMATIVE DU RÉSEAU INTERNET
Esquisse d'une théorie
Bamdé Aurélien
Comment un réseau de la dimension d'Internet a-t-il pu être édifié sans maître d'œuvre ? Ses bâtisseurs, de nationalités différentes et donc soumis à des droits différents, ont malgré tout globalement œuvré dans le même sens, ce qui laisse à penser qu'ils ont observé les mêmes normes. Quelles sont ces normes ? Quelle est leur nature ? Peuvent-elles être qualifiées de juridiques ? Sont-elles en contradiction avec le droit des États ?
(Coll. Le Droit aujourd'hui, 49.00 euros, 624 p.)
ISBN : 978-2-343-03463-8, ISBN EBOOK : 978-2-336-35350-0

ÉTABLISSEMENTS (LES) PUBLICS D'AMÉNAGEMENT

Cocquière Alexandra - Préface de Jean-Pierre Lebreton

Les EPA, bras urbanistique de l'État, ont été créés dans les années 50 pour conduire des opérations d'urbanisme d'envergure. Avec le ralentissement de l'urbanisation, les EPA se sont mis au service de nouveaux objectifs. Ce livre dresse leur portrait, au regard des motifs divers conduisant au recours à l'EPA, et au regard des évolutions institutionnelles.

(Coll. Logiques Juridiques, 49.50 euros, 518 p.)

ISBN : 978-2-343-04166-7, ISBN EBOOK : 978-2-336-35683-9

ENFERMEMENTS, JUSTICE ET LIBERTÉS

Aujourd'hui et hier, ici et ailleurs

Sous la direction de Christian Chevandier, Jean-Manuel Larralde et Pierre V. Tournier

Les objectifs de l'enfermement, hier comme aujourd'hui, en France comme ailleurs, sont complexes et ambigus : entre inclusion et exclusion, ordre et insertion, soin et sanction. Dans des lieux aussi divers que les locaux de garde, les centres éducatifs fermés, les prisons, les centres médicaux fermés (etc.), la dignité des personnes peut être mise en cause, leurs droits fondamentaux non respectés, leur état physique et mental menacé.

(Coll. Criminologie, 32.00 euros, 316 p.)

ISBN : 978-2-343-04198-8, ISBN EBOOK : 978-2-336-35621-1

ÉVOLUTIONS (LES) DES MODES DE FINANCEMENT DE L'ACTION PUBLIQUE

Sous la direction de Fabien Bottini

La crise de 1929 avait conduit les États à faire preuve d'imagination pour pouvoir financer leur politique. Les chocs pétroliers des années 1970 et la crise de 2008 ayant fait peser des contraintes supplémentaires sur les budgets nationaux, la question se pose des évolutions qu'ont connues les modes de financement de l'action publique depuis près d'un siècle. Est-il possible, à partir de l'exemple français, de dégager des lignes de force permettant de redonner une cohérence d'ensemble à ces évolutions ?

(26.00 euros, 242 p.)

ISBN : 978-2-343-03655-7, ISBN EBOOK : 978-2-336-35507-8

POUVOIR (LE) DE PUNIR

Qu'est-ce qu'être frappé d'une peine ?

Ferri Tony

Qu'est-ce qu'être frappé d'une condamnation pénale aujourd'hui ? Quelles logiques président à sa mise en œuvre ? Ce livre décrit la réalité, les caractéristiques, les mécanismes et les rationalités des pénalités contemporaines afin d'en révéler les rouages, les structures, les dérives. Est-il désormais envisageable de déplacer la frontière entre le possible et l'impossible dans le champ pénal et donc d'explorer, dans ce champ, de nouvelles possibilités ?

(Coll. Logiques des pénalités contemporaines, 14.50 euros, 144 p.)

ISBN : 978-2-343-04004-2, ISBN EBOOK : 978-2-336-35440-8

CRIMINALITÉ (LA) FÉMININE

Ménabé Catherine

Malgré une égalité pénale formelle entre hommes et femmes, leurs criminalités ne se confondent pas. Pour autant, elles ne sont pas non plus totalement dissociables, les facteurs criminogènes étant semblables. Contrairement au droit pénal qui s'illustre par son indifférence au sexe des auteurs d'infractions, la réaction pénale à la criminalité n'est pas totalement neutre. L'homme et la femme font l'objet d'un traitement judiciaire et pénitentiaire différencié.

(Coll. Bibliothèques de droit, 40.00 euros, 424 p.)

ISBN : 978-2-343-04036-3, ISBN EBOOK : 978-2-336-35419-4

EUROCOPTER SAVAIT

La vérité sur un crash mortel

Henrion Blaise

En avril 2003, un hélicoptère s'écrase sur l'aérodrome de Tarbes, entraînant la mort d'un passager. Le pilote est inculpé d'homicide involontaire. Blaise Henrion, propriétaire de l'appareil, n'a cessé de

mettre en cause un vice caché. Il nous entraîne dans un musée des horreurs aéronautiques et nous fait découvrir un réseau institutionnel effarant de truquages administratifs, de connivences souterraines, de mensonges à la justice, de faux certificats, d'incompétence et de désinvolture criminelle...
(Coll. Questions contemporaines, 29.00 euros, 292 p.)
ISBN : 978-2-343-04324-1, ISBN EBOOK : 978-2-336-35700-3

PUNIR, AMNISTIER OU NIER : LE CRIME INTERNATIONAL DE NUREMBERG À LA HAYE
Lingane Zakaria
La diversité actuelle des mécanismes de répression pénale des crimes de droit international ou l'établissement de processus de justice transitionnelle témoignent incontestablement de l'érosion de la «culture de l'impunité». Dans cette réponse planétaire aux crimes graves, la compétence universelle connaît un renouveau juridique, où parfois le réalisme diplomatique le dispute à l'idéal judiciaire. Quelle place accorder à la justice, à la vérité, à l'État de droit, au pardon, à la réconciliation, à la mémoire, mais aussi à l'oubli ?
(36.00 euros, 344 p.)
ISBN : 978-2-343-01782-2, ISBN EBOOK : 978-2-336-35519-1

VERS UN DROIT INTERNATIONAL DES RÉFUGIÉS ÉCOLOGIQUES
Banwitiya Ntekangi Adrien - Préface de Mwayila Tshiyembe ; Postface de Juakaly Mbumba
La menace écologique pousse les individus à franchir la frontière internationale des États pour se mettre à l'abri du sort et sauver leur vie. Le droit international ignorant cette réalité, cet essai est un plaidoyer pour l'avènement d'un droit international des réfugiés écologiques. Il est également une invitation à une mobilisation générale en faveur de la protection des victimes des catastrophes écologiques.
(Coll. Géopolitique mondiale, 15.00 euros, 144 p.)
ISBN : 978-2-343-02551-3, ISBN EBOOK : 978-2-336-35409-5

DROIT (LE) DES SÛRETÉS DANS L'ESPACE OHADA
Amboulou Hygin Didace - Préface de Martin Ndendé
Ce livre aborde de manière claire l'étude du droit des sûretés suivant la pratique notariale dans l'espace OHADA : innovations principales dans le secteur, classification des sûretés, inscription des sûretés au registre du commerce etc.
(Coll. Études africaines, 15.50 euros, 142 p.)
ISBN : 978-2-343-04189-6, ISBN EBOOK : 978-2-336-35589-4

DROIT (LE) DU DÉVELOPPEMENT ET DE L'INTÉGRATION ÉCONOMIQUE DANS L'ESPACE OHADA
Amboulou Hygin Didace
Le débat sur le développement et l'intégration économique de l'Afrique n'a jamais autant pris d'ampleur. Ce livre classifie les nouveaux choix des politiques et clarifie les pistes de réussite. Il convainc sur la nécessité d'une réglementation adaptée aux enjeux et sur l'implication de tous les partenaires au plan intérieur et extérieur.
(Coll. Études africaines, 32.00 euros, 306 p.)
ISBN : 978-2-343-04188-9, ISBN EBOOK : 978-2-336-35590-0

DROITS (LES) FONDAMENTAUX DES PERSONNES MORALES DANS LA CONVENTION EUROPÉENNE DES DROITS DE L'HOMME
De l'impensable à l'indispensable (Tome 1)
Koki Hubert Kouamé
Les groupements sont partout et l'impact de leurs actions est considérable sur le mode de fonctionnement de la société. Les organes de surveillance de la Convention européenne l'ont intégré et érigent en ce sens une véritable protection des missions et des activités essentielles des personnes morales : les garanties liées à la naissance et à la subsistance des groupes et organisations sont assurées par le juge européen et les conditions d'exercice de leurs opinions et convictions sont rendues meilleures.
(30.00 euros, 294 p.)
ISBN : 978-2-343-02713-5, ISBN EBOOK : 978-2-336-35658-7

DROITS (LES) FONDAMENTAUX DES PERSONNES MORALES DANS LA CONVENTION EUROPÉENNE DES DROITS DE L'HOMME
Réalisme et activisme du juge européen (Tome 2)
Koki Hubert Kouamé
La Cour européenne séduit de par sa volonté farouche de garantir aux personnes morales des droits effectifs et concrets nécessaires aux fondations d'une société démocratique. Dans une approche pragmatique dont s'imprègne l'ouvrage, se distinguent les droits fondamentaux élémentaires des droits complémentaires des personnes morales. Les premiers, développés dans le volume précédent, garantissent l'existence et la raison d'être des groupements. Quant aux autres droits, procéduraux principalement, ils assurent un complément de protection fort précieux.
(29.00 euros, 276 p.)
ISBN : 978-2-336-30130-3, ISBN EBOOK : 978-2-336-35657-0

QUESTION (LA) PÉNALE AU FIL DE L'ACTUALITÉ
Chroniques d'outre-nombre
Tournier Pierre V.
Pierre V. Tournier a assuré, pendant la campagne présidentielle de 2012, une veille régulière sur les questions de sécurité, de justice et de prison pour le site Le Plus Nouvelobs.com. Ses chroniques mises en ligne sont le point de départ de cet ouvrage, complété par d'autres textes diffusés entre juillet 2011 et fin 2013. Cinq semestres donnant lieu à cinq chapitres qui vont rythmer la conception hésitante du projet de loi porté par Christiane Taubira, sur la prévention de la récidive et l'individualisation des peines.
(Coll. Criminologie, 31.00 euros, 320 p.)
ISBN : 978-2-343-04169-8, ISBN EBOOK : 978-2-336-35470-5

CRIMINALITÉ, POLICE ET SÉCURITÉ PUBLIQUE EN RÉPUBLIQUE D'IRLANDE
Meynard Eric
La politisation de la question sécuritaire en Irlande est ici resituée dans le contexte de «panique morale» provoquée par les assassinats, à quelques jours d'intervalle, de la journaliste Veronica Guérin et du policier Jerry McCabe en juin 1996. Les circonstances politiques depuis la création de l'État irlandais ont fait de la défense des institutions son objectif central ; il s'agit désormais de revisiter cette posture pour mieux relever le défi de la sécurité des Irlandais.
(Coll. Logiques Juridiques, 15.50 euros, 152 p.)
ISBN : 978-2-343-03899-5, ISBN EBOOK : 978-2-336-35427-9

DROIT (LE) DE L'EXÉCUTION DES PEINES
Espoirs ou désillusions ?
Sous la direction de Fabienne Ghelfi
Les contributions proposent une analyse du droit actuel de l'exécution des peines et apportent une réflexion pertinente sur la mise en œuvre de ce droit. La promotion des aménagements de peine, comme le bracelet électronique ou la libération conditionnelle, est-elle une solution appropriée ? Est-il opportun de faire sortir les condamnés avant l'heure, sachant qu'ils ne sont pas suffisamment suivis ? Le juge d'application des peines et le ministère public sont-ils en mesure de prendre les «bonnes décisions» ?
(Coll. Droit privé et sciences criminelles, 17.50 euros, 160 p.)
ISBN : 978-2-343-03378-5, ISBN EBOOK : 978-2-336-35313-5

MÉDECINE (LA) À L'ÉPREUVE DU RISQUE PÉNAL
Sous la direction de Lina Williatte-Pellitteri
L'exercice médical offre un fort potentiel de contentieux pénal. Ce potentiel, les professionnels du droit comme les professionnels de la santé en ont conscience. Les premiers dénoncent l'absence de procédure pénale propre au monde de la santé, les seconds dénoncent une justice qu'ils ne comprennent pas. Le contexte rendant difficile une discussion efficace et constructive, ces réflexions s'efforcent de renouer le dialogue et de construire une communication intelligible pour tous.
(Coll. Droit, Société et Risque, 13.50 euros, 126 p.)
ISBN : 978-2-343-00774-8, ISBN EBOOK : 978-2-336-35266-4

L'HARMATTAN ITALIA
Via Degli Artisti 15; 10124 Torino

L'HARMATTAN HONGRIE
Könyvesbolt ; Kossuth L. u. 14-16
1053 Budapest

L'HARMATTAN KINSHASA
185, avenue Nyangwe
Commune de Lingwala
Kinshasa, R.D. Congo
(00243) 998697603 ou (00243) 999229662

L'HARMATTAN CONGO
67, av. E. P. Lumumba
Bât. – Congo Pharmacie (Bib. Nat.)
BP2874 Brazzaville
harmattan.congo@yahoo.fr

L'HARMATTAN GUINÉE
Almamya Rue KA 028, en face du restaurant Le Cèdre
OKB agency BP 3470 Conakry
(00224) 60 20 85 08
harmattanguinee@yahoo.fr

L'HARMATTAN CAMEROUN
BP 11486
Face à la SNI, immeuble Don Bosco
Yaoundé
(00237) 99 76 61 66
harmattancam@yahoo.fr

L'HARMATTAN CÔTE D'IVOIRE
Résidence Karl / cité des arts
Abidjan-Cocody 03 BP 1588 Abidjan 03
(00225) 05 77 87 31
etien_nda@yahoo.fr

L'HARMATTAN MAURITANIE
Espace El Kettab du livre francophone
N° 472 avenue du Palais des Congrès
BP 316 Nouakchott
(00222) 63 25 980

L'HARMATTAN SÉNÉGAL
10 VDN en face Mermoz, après le pont de Fann
BP 45034 Dakar Fann
33 825 98 58 / 33 860 9858
senharmattan@gmail.com / senlibraire@gmail.com
www.harmattansenegal.com

L'HARMATTAN BÉNIN
ISOR-BENIN
01 BP 359 COTONOU-RP
Quartier Gbèdjromèdé,
Rue Agbélenco, Lot 1247 I
Tél : 00 229 21 32 53 79
christian_dablaka123@yahoo.fr

633508 - Décembre 2015
Achevé d'imprimer par
1livre.com
du rêve à la réalité !

www.ingramcontent.com/pod-product-compliance
Lightning Source LLC
LaVergne TN
LVHW021209061026
849535LV00008B/2653
9782343051185